正直、旅は僕らのコントより面白い

春道

産業編集センター

はじめに

俺らは決して明るい芸人ではない。

なんだろう、この本はみなさんの家のトイレに置いて欲しいのだ。トイレという選りすぐりのどうでもいい本を置く場所で、この本には生きて欲しい。そして長い時間が経ってでもいいから、「何度でも読める本」という安定を、のらりくらりと確立して欲しいのだ。もちろん寝室に置いてもらえたら光栄だが、この本が『星の王子様』とかに勝てるヴィジョンは浮かばない。それとお伝えしておきたいことがもう一点。本書を小さなお子様の手が届くところには置いて頂きたくない。ってか置いて頂いても構わないが、差し詰め責任が負えないのだ。教育上よろしくない本を書いてしまって大変申し訳ない。この時点で主婦層の人がこの本をレジに持っていく夢は諦めよう。

相方の高士を、新宿の靖国通りにあるルノアールに、自販機の何倍もするコーヒーというエサでおびき寄せ、「今日は俺おごるから」と食虫植物のようにお店の中へと誘った。「こないだ自由の女神を見に行った時にさ！」と、アメリカを１人で旅した時のお土産話をするように見せかけ、心の奥底では、本題を切り出すタイミングを密かに見計らっていた。「すっ、すっげーや！　俺も行ってみたい！」アホ（高士）がカモフラージュでしかないアメリカの話に及第点以上の相槌をしてくれる。ついつい気持ちが良くなり一瞬今日の目的を見失いかけたが、なんとかお土産話もほどほどに本題を切り出さないと。

「あのさ、俺と世界一周しない……?」。目の前の空気が急にピンと張りつめた。黙り込む高士。さっきまでのテンションはどこ行った。ほら！　さっきみたいなテンションで「行きたい！」って言え！「なにそれ！　ウケる！」って下品なギャルみたいに媚びたこと言ってみろ！　俺は頭の中でそう念じるが、高士からは小声のダースベイダーのような呼吸音しか聞こえてこない。それも目が据わっていてなんだか怖い。俺は居ても立っても居られず、沈黙をかき消すようにコーヒーをすする。早くなにか言ってくれ、こっちだってそれなりに緊張してるんだぞ。いよいよ空調の音さえ気になってきた。すると高士はおもむろに口を開き「一応、お母さんに聞いてみる」と言うではないか。「いや、自分の人生だから自分で決めな」と、返す刀で俺は言った。おいおいこれでは、俺の方がこいつのお母さんよりお母さんじゃないだろうか。すると、高士は少し考えてからこう呟く。「なら行こう。俺、海外行ったことないし」。
　この日、世界一周に2人で行くことがやんわりと決まった。その日から10ヵ月間、アルバイトだけで2人で500万円を貯め、本当に世界一周に出てしまったのだから途方もない話だ。俺らは同い年だが、人としての性格に始まり、食の趣味、女の子のタイプ、歩くスピードまで何もかもが合わない。でも旅をしていると「二人って夫婦みたいだよね」なんて不気味なことをよく人から言われたものだ。世界一周という壮大な旅の記憶やその旅で培った考え方などを、喜怒哀楽をふんだんに使ってぶちまけた本。駄文もあるとは思うが、どうかみなさんのその寛大な器で受け止めて欲しい。そしてこの本を読み終わった時に、読んでつまらなかったか、はたまたその逆だったかは、この本を奇跡的に本屋さんの棚で見つけ、好奇心から手にし、ここまで読み進めてくれたみなさん（主婦層も含む）の感覚に委ねたい。

――櫻間心星

世界一周をする前の僕は海外に行った事がなかったし、興味もなかった。これといった趣味もなく、強いて言えば釣りくらい。父の「好きな事をすればいい」といった後押しもあって僕は高校卒業してお笑い養成所に通う道を選んだ。そしてこの養成所で相方と出会う。元々相方とは別々のコンビだったが、僕と相方のコンビは互いに芽を出すことができずに養成所を卒業した。僕のコンビも相方のコンビも解散を余儀なくされた。そんな時、養成所で年齢がバラバラの生徒が多い中、同い年という事もあり仲が良かった相方に「コンビを組もう」と言われ、春道というコンビを結成した。

42日間のアメリカ縦断から帰ってきた相方は、何かに取り憑かれたように僕を世界一周に勧誘してきた。僕はまんまと口車に乗せられ、こうしてコンビで世界一周することが決まった。番組の企画でもなく、ただの個人旅行だ。

僕が今まで知っていた相方と旅中の相方は全然違った。むしろ旅中の相方が

本当なのかもしれない。上から目線で性格が悪い、顔が長い、眼は細く鋭く見るに耐えない。旅中、僕の不注意が続き相方に怒られることはしょっちゅうあった。本当に相方は同い年なのか。しかし、旅の情報収集、英語でのやりとり、旅人とのコミュニケーションなどのほとんどを相方がやってくれていた。僕にできることはなんだろう。気づけば日々の出来事を日記に書き続けていた。その「日記」という小さな武器で僕は戦っていた。相方も「それでいい、むしろそれだけでいい」と言ってくれる。頼もしい奴を相方にしたものだ。僕は優柔不断で決断をする事が苦手だ。しかしこの旅に行くか行かないかの二択は間違っていなかったと思う。この本がその証だ。行かないと言っても相方は強気な性格だ。無理矢理でも連れて行かれただろう。これから目の当たりにする景色やハプニングの数々。相方が世界一周に誘ってくれたおかげで、僕の人生は大きく変わっていく気がする。

これから読んでいただくのは、僕らの些細な旅の話ですが、楽しんでもらえたら嬉しいです。

――林　高士

INDEX

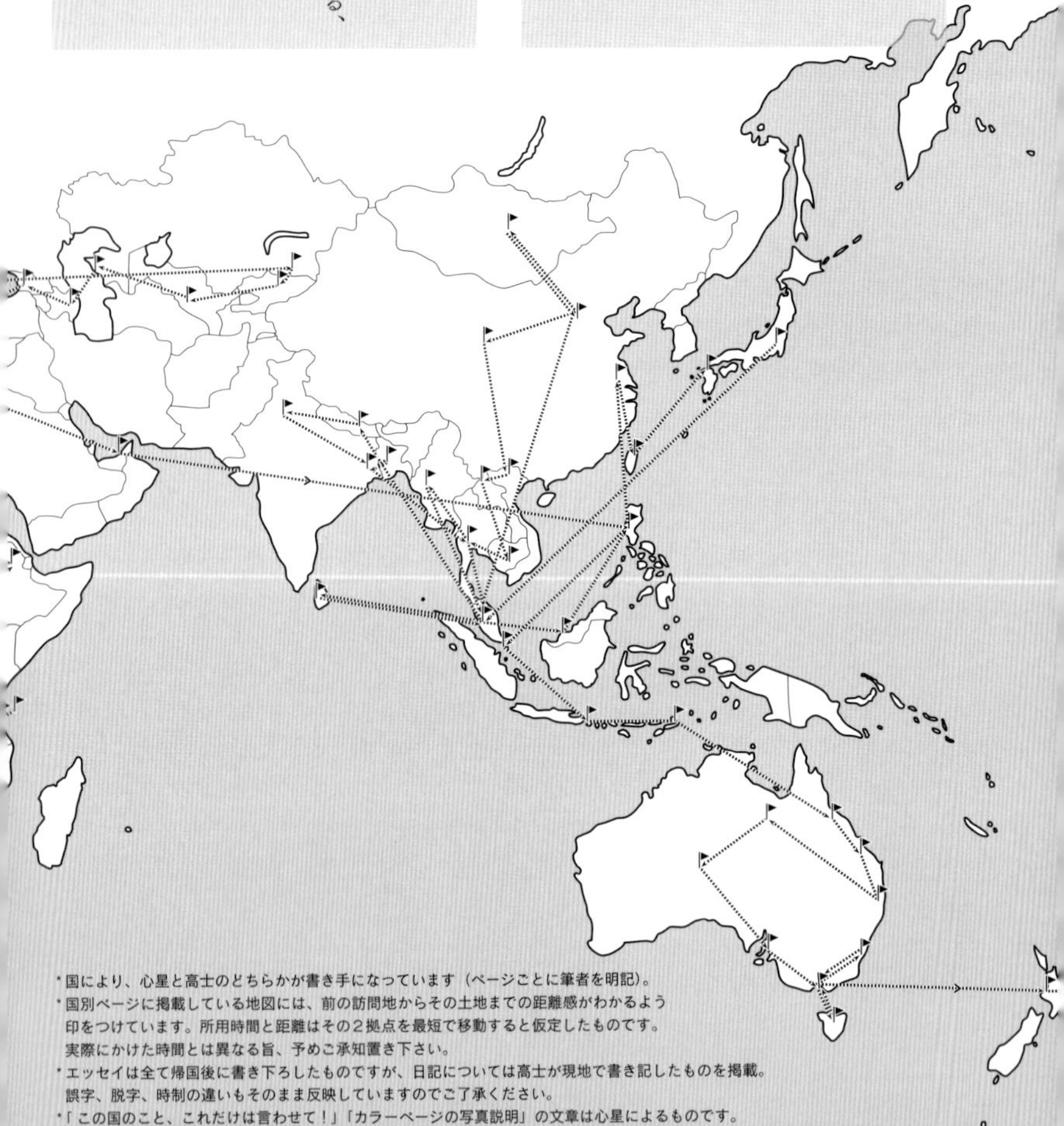

*国により、心星と高士のどちらかが書き手になっています（ページごとに筆者を明記）。

*国別ページに掲載している地図には、前の訪問地からその土地までの距離感がわかるよう印をつけています。所用時間と距離はその２拠点を最短で移動すると仮定したものです。実際にかけた時間とは異なる旨、予めご承知置き下さい。

*エッセイは全て帰国後に書き下ろしたものですが、日記については高士が現地で書き記したものを掲載。誤字、脱字、時制の違いもそのまま反映していますのでご了承ください。

*「この国のこと、これだけは言わせて！」「カラーページの写真説明」の文章は心星によるものです。

*本書は、2017年5月11日から2018年10月17日までの526日間の旅の記録です。記載している物の値段は当時の貨幣価値に合わせ、日本円で記しています。

*本書では、公的に承認されていない国も１つの国として考え、掲載しております。

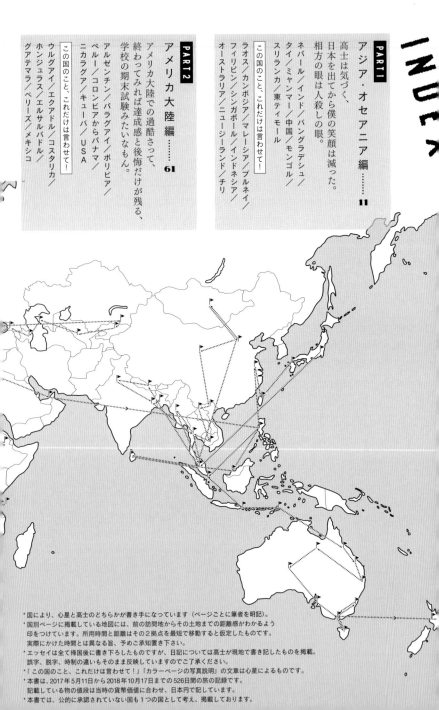

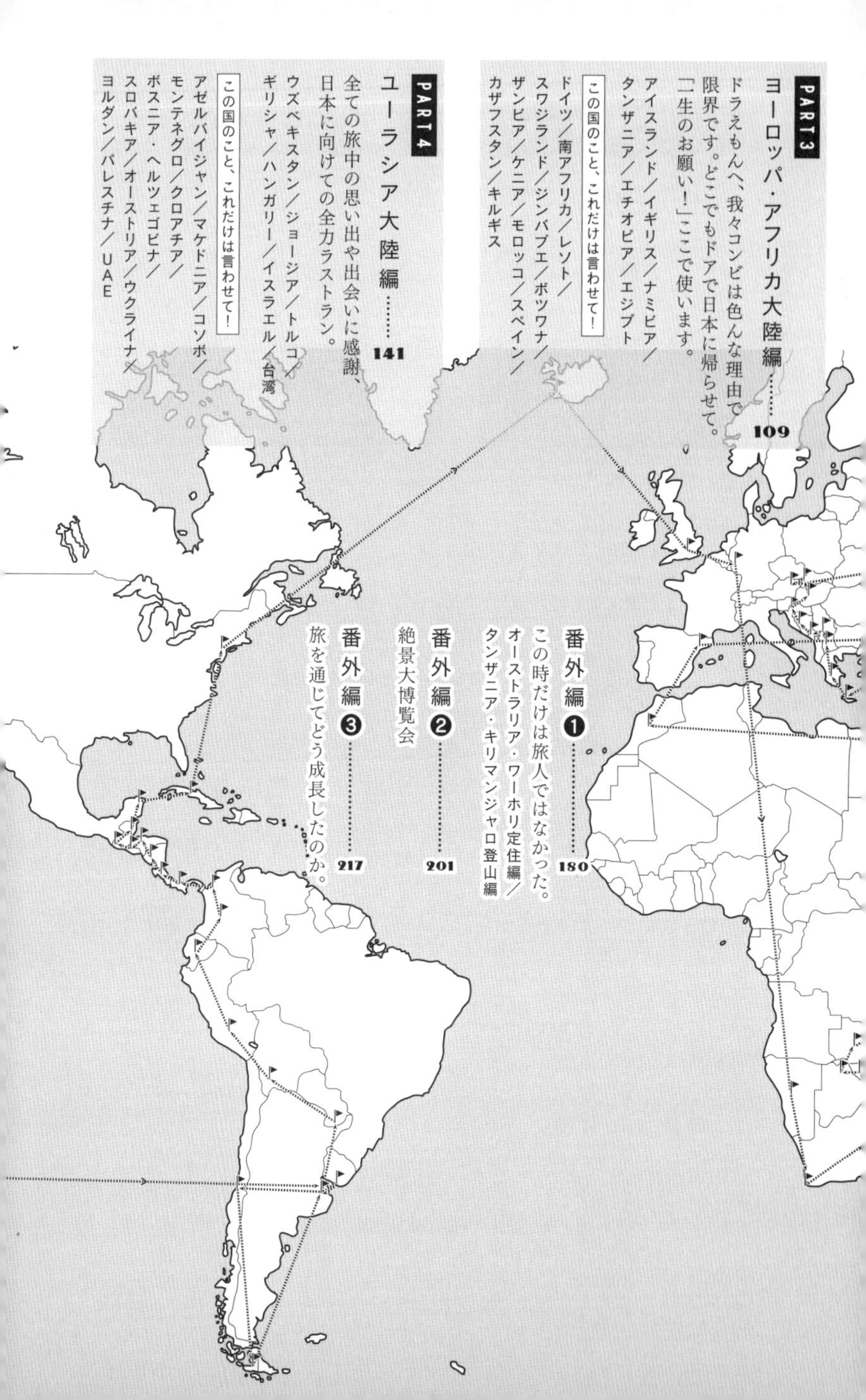

旅の走り書き

期間

2017年5月11日から2018年10月17日までの526日間。

訪れた国

74カ国。

エアチケット

世界一周の周遊券ではなく、その都度LCCチケットを買った。

保険

21万円
（保険に入っていないと万が一の場合遺体を日本に輸送する費用がとんでもない額になると聞き、加入。526日以上だとさらに海外旅行保険がかかるのでギリギリの日数で帰国）

予算

1人250万
（10ヵ月間のアルバイト貯金）

移動手段

飛行機、バス、電車、レンタカー、船、徒歩。

ワクチン

８種類接種はタイの赤十字で（日本だと10万かかるところを1、2万円）。

使用カメラ

iPhone、Nikon D3100、Gopro、Sony Handycam

持参した荷物

ザック、パスポート、黄熱病ワクチン接種証明書、証明写真、財布、米ドル、クレジットカード、プライオリティーパス、スマホ、スピーカー、衣類２組ずつ、救急セット、ノートパソコン、外付HD、電子書籍、ACアダプター、日記（高士）

PART 001

「アジア編」

高士は気づく、
日本を出てから僕の笑顔は減った。
相方の眼は人殺しの眼。

ついに始まった僕らの世界一周。アジアなんて日本人がよく旅行するエリアだから安心安全だと思っていたが、僕の描いた未来予想図と全然違う。最初にしては難易度が高すぎると思っていたら、インドに突入。オワタ、こんなルートにした相方をガンジス川にぶん投げたい。辛い事を乗り越えた先には本場のガパオライスとフォーがあった。やっと僕のイメージしていたアジアに辿り着いた。治安も徐々に安全になってきたが、相方の治安がすこぶる悪い。次々に僕が起こす紛失事件は止まらず、自分がこんなにもアホだなんて、海外に出るまで知らなかった。そして、相方との旅がこんなに辛いってことも。言葉も通じない国で僕のメンタルはボロボロになり、どうしていいのかわからなくなる。早くも日本に帰りたい。自分、正直旅もアジアもなめてました。

高士

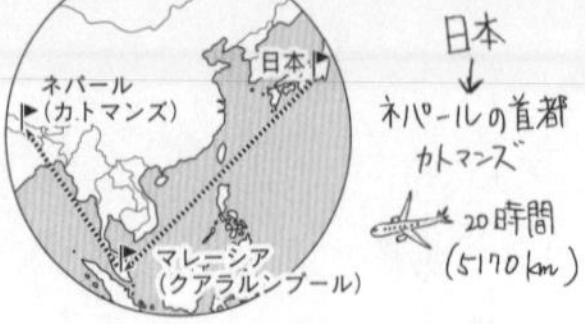

NEPAL
ネパール

助走なしでいきなり？ネパールの家庭に放り込まれオドオド……（高士）

羽田空港で見送りをしてくれた僕と相方それぞれの友人と別れる。日付が変わる頃、間もなく機体は飛び立とうとしている。滑走路から機体が徐々にスピードを上げるにつれ、体が自然と引っ張られる。機体は浮き、羽田空港を飛び立った。機内モードにしようとスマホの画面をふと見ると、父から「生きて帰って来てください」とメッセージが入っていた。後には戻れない旅が始まったんだ。一度マレーシアのクアラルンプールでトランジットして再び出国。このトランジットで僕は海外童貞を卒業したわけだが、でもまだ素人童貞の気分だ。それから数時間経過すると、窓からネパールの街並が見えてきた。有名なエベレストは見えなかったが、オレンジ色の屋根の家が密集しているのは上空からわかった。カトマンズの空港へ到着。ここが僕と相方との世界一周最初の国となるわけだ。この空港は良く言えば、無駄のない空港といったところか。正直、数時間前までいた羽田やクアラルンプールの空港に比べてかなりしょぼい。カフェやファストフードなどの店は無い。出入り口にいる金属探知

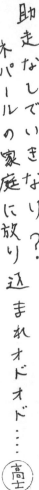

機を持った警備員はなんだか適当で、金の延べ棒を全裸で持ちながらでも通してくれそう。いざネパールに足を踏み入れる。
四方八方から聞こえる現地の言葉、嗅いだ事のない匂い、これが外国か。ここでは相方が日本のバイト先で知り合ったネパール人、タパさんの実家に泊まらせてもらえることになっている。空港を出るとタパさんはいた。相方「久しぶり〜タパ」、タパ「久しぶり、心星」と僕より饒舌《じょうぜつ》に日本語で会話している。僕とタパさんは互いに自己紹介をする。タパさんの髪の毛はワックスの塗りすぎでテカっていた。薄っすら地肌も見えている。もうじきか。
タクシーでタパさん宅へ向かう。2年前の地震被害からの復旧は完全ではなく、整備されていないガタガタの道路。車が走ると舞い上がる砂埃。それにしても埃っぽい街だ。
タパさん宅に到着。しばらくするとタパさんの母親登場。笑顔の素敵なお母さんだ。僕らはタパさんの通訳を介してコミュニケーションを取った。お母さんが僕らにネパール料理を振る舞ってくれる。パサパサの細長い白米とダルと呼ばれる少し塩気の効いた豆のスープが銀のお盆にのったワンプレートディッシュ。ご飯にスープをかけて、それをスプーンやフォークではなく右手ですくって食べる。ねこまんまを食べているようだ。僕らを歓迎してくれた事に対する感謝の気持ちが大きかったので残さず完食したものの、実家が食堂で毎日美味い飯を食っていた僕には正直辛かった。その様子を見たタパさんのお母さんは完食した僕のお盆に更に盛りつけようとするので、大袈裟なジェスチャーでお腹いっぱいであることを表現しおかわりを回避する。この日はもう寝ることにした。いや眠れない。肉体、精神、環境、全てが落ち着かない。刺激が強すぎる初海外の初日となった。

僕らはタパさんの勧めで自然豊かなポカラという町も訪れた。カトマンズからポカラまではバスで4時間と聞いていたが実際かかった時間は8時間。もうネパール人は信用しない。ポカラは空気が澄んでいて、お洒落なカフェもぽつぽつとある。大きな湖には色彩鮮やかなカヌー。生活は不便なのに僕の地元より素敵な町で千葉県民の僕としては不服だ。3泊4日ポカラに滞在して再びカトマンズへと戻り、タパさんの家に帰還した。前に会えていなかったタパさんの父親と初対面。お酒を飲むことになり、相方はビール、僕はノリと勢いで常温のウイスキーをストレートで飲んだ。おつまみでピリ辛のベビースターのような物と、一口サイズのカレー風味骨つきチキンの山盛りが出たのだが、このおつまみがめちゃくちゃ美味かった。結構お腹いっぱいになり、もう就寝かと思ったら、まさかの晩飯。「えっ?」お腹いっぱいだったが、せっかく作ってもらったので手をつけると、酔った勢いもあったのか、いくらでも食えた。常温ウイスキーのおかげでその後はすぐに就寝。そして、深夜に目が覚める。なにやら気分が悪い。こんな時に限って嗅ぎたくもないウィスキーの匂いが口の中に充満している。1分間待ち、覚悟を決めた。僕はトイレで吐く。見ず知らずの国の人の家で一体なにをしているんだろうか。考えただけで辛かった。次の日の朝にタパさんの母親が僕が荒らしたトイレを洗ってくれたという報告を相方から聞く。タパさん一家は本当に良い家族だ。次の国インドへ向かうバス停までタパさんの両親が車で僕らを送ってくれた。別れ際、タパさんの父親が相方だけに耳打ちで「India is danger(インドは危険だ)」と言ったらしい。この数日でお父さんは僕らの旅は相方が舵を取っていると見抜いていたのか。初めての国で心が不安定になっていた僕の心配事を、常温のウイスキーとゲロが全て流してくれた。

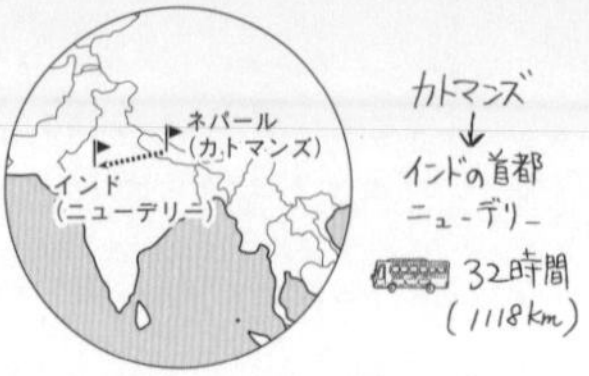

ここが死ぬまでにもう一度戻りたい国であるのは過剰摂取にあたる量の刺激をもらえたから

心星

人、人、人、人間洪水。さきほどから観察しているが、温度計の赤い液体は48度を行ったり来たりしている。サンダルなんかで絶対歩きたくない汚い道。鼻をつんざくゴミの臭い。錆つき過ぎて不協和音でしかないリキシャ（三輪タクシー）のクラクション。極めつきはお金欲しさに纏わりついてくるインド人のウザさ。全てが癇《かん》にさわる。48度も気温があるのにクーラーがどこにも無い。ブチ切れそう。どうやらこの国は、人の感情を逆撫でするのが上手なようだ。

特に東南アジアとかを周って肩慣らしをしてから来たわけではないので、この国のハードルの高さといったら、俺らになんの躊躇《ちゅうちょ》もなく襲いかかってくる。もし、うちの地元の「ラストヤンキー」で有名な宮野君なら視界に入るインド人をもうすでに血祭りにしているだろう。インドでの長い一ヵ月が終わり、タイへと向かう飛行機の機体が空港の滑走路から離陸した瞬間、「ついに終わった！」心の奥でそう叫んだ。それなのに、そこまで思っていたのに、もしも「死ぬまでにもう一度行きたい国

は?」と誰かに聞かれたら、74ヵ国も行っておきながら「インド」と今でも答えてしまう気がする。
インドも残り10日を切った頃。紅茶で有名なダージリンからインド最後の目的地、コルカタへと向かっていた。高地から車で4時間かけて最寄りの駅まで山道を降る。インドが他の国より優れているのは、大きな移動が基本的に列車という点だ。それも決して綺麗とは言えないが一応は寝台席。ここまでのインドの旅でも列車には何度も乗っていたので、心配事は特に無かった。よいしょ、ザックを背負ってインドでは稀な定刻通りに来た列車に乗る。「珍しいな」そう高士と話しながら列車に乗りこんだ。列車はゆっくりと動き出す。インドの列車はドアを開けたまま走るので、乗降口に座り足を外に投げ出すことができる。その夜も、自分たちの席を探す前にいつも通り足を夜風にさらし、奥田民生の「さすらい」を歌うという毎度の儀式に一人、勤しんでいた。高士は背中の向こうからバカにしてくるが、こんなことでも俺には夢だ

ったんだ。インドの風が颯爽と吹き抜ける。すると、若いインド人の青年が「どこ行くの?」と曲が最高潮に盛り上がる「さ〜すら」のあたりで尋ねてくるではないか。演奏停止すな。「コルカタだよ」ご機嫌ななめにそう答える。すると、少し間が空いてだったか。「この列車はコルカタに行かないよ」と思いがけないことを抜かしやがるではないか。……えっ。高士としばし見つめ合う。「じゃあこの列車どこ行くの?」不安そうに尋ねると、「アッサムさ」と半笑いで返された。急いで地図アプリで調べる。地図のGPSでは現在地が青い点で表示されていて、完全にコルカタとは逆の方向へと一定のスピードで動いている。なんだかやばいぞ。目的地のコルカタから離れていく。それに比例して俺らの焦りも次第に増していく。しかも、次にこの列車が止まる大きな街は600㎞も先で8時間かかると言ってくれるじゃねえか。流石にその瞬間、言葉に詰まった。列車は真っ暗闇の森の中をひた走る。アッサムなんて地名は聞いたこともない。聞いたことがないってことは観光地じゃないだろう。治安のこと、宿のこと、何もかもがわからず不安でしかなかった。なんだかさっきまで心地良いと思っていた夜風が、生暖かさと気だるさが混在した何かに感じた。ということは、あの時定刻通りに来た列車になんの疑いもなく乗った俺の判断が間違いだったんだ。

完全なる俺の落ち度だ。「ごめん」高士に謝った。高士は「いいよ」そう言ってくれた。

ふと、このインドの旅は今までどうだったか、もう残り少ないくたびれたタバコの一本に火をつけて考える。インドに到着してからというもの、カルチャーショックで高士の心が上の空になっていることを、俺は時折心配していた。極めつきはご飯まで口にしなくなっていたこと。本気で心配しているからこそ俺の語気も強くなっていく。「ちゃんと挨拶できないの？」「何かしたいことないわけ？」「うん、ばっかり言うからお前のことよくわかんないわ」そんな角だらけの言葉ばかりぶつけていた。俺の器が小さいからこんな言葉しか出せなかったんだ。もっと言葉を選べたはずだ。「ごめん」。さっきの一言にはそんな意味合いも含まれていた。

　この手に持っている切符もただの紙切れか。車掌に見つかったらわけわかんないところで降ろされるのかな。吸っていたタバコの残り火を右手の切符に移して、端から端へと燃えていく様子を理由もなく見つめている。高士と「どうしようか」と話を始めるが、無論お互い気の利いた二言目なんて持ち合わせていない。用意された席もないので、ただ列車の乗降口のところで目の前を流れ続ける暗闇を見ている事しかできなかった。

そうして1時間くらい何も出来ない不甲斐ない時間が続いた。すると、さっきとは違う青年が「なにしてるの？」と、ふいに俺らに声をかけてきた。言葉を英語に変換して話す気力がもはや無いので少し黙っていると、青年は「君らの為に席を確保したから、こっちに来て。車掌に見つかるよ！　早く！」と小声で促す。ん……？すぐに状況を飲み込めない。そりゃそうだ、青天の霹靂《へきれき》であるからして。ただこの言葉に逆らう選択肢はなく、青年に俺らの命運の全てを委ねる。高士と急いで荷物を抱えてついて行く。消灯していて、真っ暗な寝台車両。そこにポッカリと1つだけベッドが空いていた。「ここを使って。2人で1つしかないけど」青年は他の乗客を起こさないように小声で言う。「君はどうするの？」そう聞くと、「僕は友達のベッドで一緒に寝るから大丈夫さ」。少し間をあけて聞く。「なんでこんなことしてくれるの？」。すると青年は「僕はイスラム教だから。イスラムは旅人に優しくする文化があるんだ。ずっと君たちのことは見ていたし、心配していたから、友達と話し合って席を譲ることにしたんだ」ふと、縦に3段に並んだベッドの一番上を見上げると、青年の友達がこっちを見て笑っている顔が見えた。本当にありがとう。ベッドに座った高士からは「助かった～」と温かい湯船に入った時のような声が漏れる。ストンとベッドに腰を下ろしたのと同時に緊張の糸が切れたのか、俺も高士も寝てしまった。朝、窓から差し込む日差しに目を覚ますと、助けてくれた青年はもういなくなっていた。

そこからコルカタへ辿り着くまで5日もかかった。初めて日本人差別にあったり、電車のチケットが買えず駅のホームで2泊して、蚊やヤバいインド人の恰好の的になったりと、散々な目にあった。しかし開き直るわけじゃないが、「あの電車のミスもよかったね」なんて今は高士と思い返す。なんせ旅においてタフにもなれたし、素敵なインド人の青年とも出会えたのだから。どうしよう、面白いことを書いていない。でも、奥田民生の曲が影響を及ぼす文章にコメディなんて起きるはずがない。しかも何もかもにビビり散らかしていたんだから。だから冒頭の部分に戻るが、「死ぬまでにもう一度行きたい国は?」と聞かれたら「インド」なんだ。世界をいろいろ周ってきた今なら、このカオスな国でもっと色々なことに挑戦できる気がする。だからもう一度行きたくてしょうがないし、行かないと納得できないんだ。

BANGLADESH 3/74
バングラデシュ

漂う腐敗臭 電車の天井は子供の溜まり場
初めて旅に緊張が走ったカオスな親日国

(高士)

渋谷にいる若者に唐突に「イスラム教ってどんなイメージ?」って聞いたらネガティブな回答がいっぱい出そうだ。僕らはイスラム教の良い面も悪い面もバングラデシュで味わった。インドからバスでバングラデシュへ行くことになった。冷房はキンキンに冷えすぎなくらいで、1人分の座席の幅も広い。質が高い上に値段も安い。インドからバングラデシュ間をバスで移動するのは割と富裕層らしく、今回はこんなバスに乗ることができた。

バングラデシュは親日国と言われているのでこの旅で外せないと思ったが、この時はちょうどイスラム教徒が断食をする「ラマダン」の時期。2016年にバングラデシュの首都ダッカのレストランで外国人を標的とした人質テロ事件が発生し、日本人の犠牲者が出たのもこの時期だったので、不安もあったが、この事件が起きた場所に花を供えるためにも行こうと決めたのだ。

特にトラブルも無く国境に到着した。インド出国手続きを終え、次はバングラデ

シュの入国手続き。何回も折り返すほどの行列ができていたが、僕らもここに並ばなければならない。ようやく僕らの番が来た。日本人はバングラデシュにビザ無しで入国できるのだが、税関の係がそれの確認をするのにまた時間がかかる。なんで知らないいんだよ、適当だな。長丁場の末入国成功。国境に意味もなく溜まっているバングラデシュ人に「ジャパン！　ジャパン！」と叫ばれ歓迎される。親日最高。CNGと呼ばれる三輪タクシーで、僕らが泊まる「あじさい」という日本人宿まで送ってもらった。CNGの運転手と後部座席の間には、四輪タクシーの車内にあるような仕切りがあった。なにやら怪しげだ。日が暮れる頃、宿に到着した。宿がある少し手前に大きな門があり、警備員が立っている。どうやら地区ごとにこういったセキュリティーが施されているようだ。そんなに治安が悪いのか。

宿に着いたが夜中なので外食は避け、宿内の日本食レストランでチキンカツ丼を食べた。クオリティは低いが夕飯食べられただけマシか。宿にいた僕らの1つ年上の男性と仲良くなった。身長は低いが山Pに似ていてイケメンだ。翌日は僕らと山Pでオールドダッカと呼ばれる旧市街へ向かう。

鉄道に乗るためローカルバスで移動。駅に着いて、切符を買い列車を待っていると何人ものバングラデシュ人に「フォト！　フォト！」と言われる。一緒に写真を撮りたいのかと思ったが、僕ら単体の写真を撮りたがる。僕らはファン対応にはちゃんと答える芸人を目指しているので、しっかりポージングを決めた。列車が到着すると列車の屋根の上に子供たちが乗っているではないか。しかもタバコをふかしてこちらを見てくる。キッズギャングだ。相手が銃や刃物を持っていない限り負けない体格差。列車に乗り、しばらくするとキッズギャングが近づいてきて「マネー、マネー」と物乞いしてくる。こういうのは1人にあげるとキリがないので鉄壁のディフェンスを心がけている。オールドダッカの最寄り駅に到着し、歩いて街に行く。道中、昼間にも関わらず路上にブルーシートを敷いて全裸で寝ているバングラデシュ人女性を見た。僕らと同い年くらいだ。悲惨な現実がここにはあると印象づけられた瞬間だった。腐敗臭が漂う混沌としたオールドダッカに着き、イスラム教のモスクを見つけ、中を見学する。分厚い聖書を持ち、ブツブツとお経を唱えている信者がいる。

信者達が僕らに世間話程度に色々話かけてくれた。そしてなぜか、聖書の呪文みたいな一節を教えてくれた。覚えようとする姿勢を気に入ってくれたのか、ジュースやお菓子を僕らにくれた。断食の時期なので彼らは食べないのに、なんて優しいんだ。イスラム教のイメージが変わりつつある。そしてまた考えさせられたのがバングラデシュから再びインドへと戻るバスだ。行きと同じく質の高いバス。僕と相方はリクライニングを平行になりそうなくらい倒して寝ていた。

早朝、「キャー‼」と言う大勢の若い女性らの叫び声で目を覚ます。相方も目を覚ましていた。バスのフロントガラスの左半分にはヒビが入っている。街中でもない、周りに何もない一本道をバスが急にスピードをあげて走り出す。何が起こったのかわからず僕と相方がお互い一言も発することがないままバスは国境に着いた。後からわかった事なのだが、イスラム教の断食の期間は異教徒を排除しようとする意思が強くなる。僕らの乗っていたバスは観光客しか乗らないバスで、ターゲットにされていたらしい。もし、バスが止まって刃物や銃やらを持ったイスラム教徒が中に入ってきたらと思うとゾっとする。まだ旅の序盤なのに僕らをビビらせるのはやめてください。まだまだ日本に帰りたいです。

THAILAND 4/74
タイ

世界三大パーティーに参加し潰れるほど酒を飲みシラフで帰る

(高士)

暑い、うるさい、臭い、インドとバングラデシュを抜けて到着した幸せの国、タイ。南部にあるパンガン島には世界3大パーティーの1つがある。それは毎月満月の夜に開催するフルムーンパーティーというものだ。僕はこのフルムーンパーティーで外国の女性をナンパしてみたいと意気込んでいた。バンコクの宿で仲良くなった同い年の女の子と、この本のイラストを描いてくれた藍木《あもん》と僕らの4人でパンガン島に向かう。バンコクからバスとフェリーを経て島に到着。潮風が緩やかに吹いていて良い感じだ。欧米人観光客向けの洒落たカフェとタイらしい屋台が混在している。宿に着き、相方が「現金ちょっとＡＴＭで降ろしとこうか」と言うので、僕は近くのＡＴＭに行きタイバーツを降ろしに行く。宿に戻り、降ろしたタイバーツを必要な分だけ財布に振り分けようとした時にある事に気づく。「さっきＡＴＭで降ろす時に使ったクレジットカードがない」。急いでさっきまでいたＡＴＭに戻る。辺りを見渡すがない。その周辺にあるお店の人に「アイ　ロスト　クレジットカード、アイ

フォゲット　クレジットカード」と聞いて周るが見つからなかった。初めて貴重品を失くした僕はパニックになっていた。とりあえずバンコクで買ったコンビで共有のＳＩＭフリースマホでカード会社に連絡し、止めてもらった。世界一周の旅費は相方と僕とで共同運用。そのお金を降ろすカードを１つ失ったことになる。相方は治安の悪い性格からしてイラついているのではと想像したが、「ネットでカードの再発行の仕方とか、自分で調べとけよー」とだけ言ってその件については終わった。

　夜になり、フルムーンパーティーをやっているビーチへとやってきた。響き渡る重低音、砂浜では隙間なく蛍光色の服をまとった欧米人の男女が躍り狂っているではないか。ネオンで装飾された屋台がたくさん出ているが、ほとんどが酒だけを売っている屋台だ。何やら人だかりができていると思えば、大縄に油を塗り火をつけた、大火縄跳びをやっている。僕らの職業柄やらない理由はない。相方は運動神経が良いので軽快に成功していた。僕の番だ。縄が僕の顔の前を通り過ぎる度に熱風が来る。意を決して飛びこんだ。最初の1回は成功したが、そのまま抜けようとしたら思いっきり首に火縄が当たる。「チリチリッ」とハッキリ聞こえた。後頭部のどこかが燃えたっぽいが、これも戦いの勲章だ。

僕はみんなと意図的に距離をとって外国人ナンパに挑戦する。群れていない子をターゲットに僕は片手に瓶ビールを持ち積極的に声をかける。「Where are you from?」と質問すると相手も答えてくれるのだが、そこから会話を膨らませることができない。というか英語でナンパってムズいな。挙げ句の果てには女の子に声をかけている最中に180cmくらいの白人ゴリマッチョ男にどつかれ「Don't touch」と言われる。おそらく彼氏だったのだろう。僕は自暴自棄になり躍り狂った。楽しい。僕の先祖はパリピだったのかもしれない。気づくと僕は波打際でひとり酔い潰れていた。押し寄せた波が顔にかかり目を覚ます。頭がボーッとしている。乗り合いタクシーに乗って帰ろう。宿の場所を確認しようとポケットに入れていたiPhoneを起動させようとするが電源がつかない。どこかで水没させたのだろうか？　海に入った記憶はなかったが、もう片方のポッケからビチョビチョのタバコと火がつかないライターが出てきたことで全てを悟る。

またこれからの旅に必要な物を失くしてしまった。相方に合わせる顔がない。たまたま僕の宿と同じ方向の乗客がいたので宿には戻る事ができた。恐る恐る僕らの部屋のドアを開けると相方は起きていた。正直に自分の犯した失態を報告すると、相方は「外で話そう」と言う。宿の外にある椅子に互いに腰を掛けると、第一声「何か言う事ないの?」と相方。「ごめん……」と謝ると、さらに「それで?」と問われる。僕はその問いに対する答えが見つからなかった。しばらく沈黙が続いた後、「お前がやっちゃったミスはしょうがない、それでお前は今後どうするのかが聞きたいんだよ!」と相方。後々聞いた話だが、僕がクレジットカードを失くした時に相方があんまり強く怒らなかったのは、僕が夜のパーティーを楽しみにしているのをわかっていたので、せっかくのテンションを下げない為に言いたい事を我慢してくれていたらしい。なんていい奴なんだ。相方は「まぁ、頑張れよ」と同い年なのに上から目線で言ってきた。やっぱり腹が立つ。しかし今回のミスを重く受け止めることで、また同じことをしないように意識はするから、ただ謝ればいいってもんじゃ無いことはわかった。パリピデビュー、失敗。

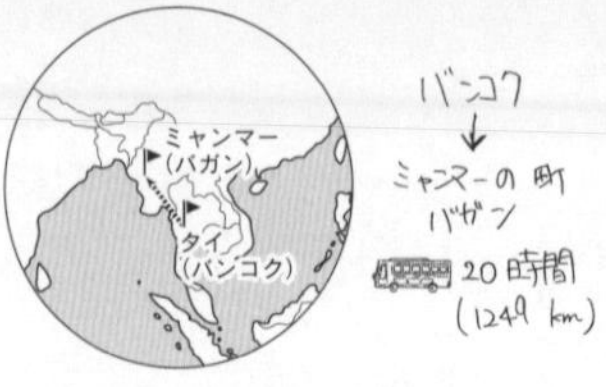

MYANMAR
ミャンマー
5/74

黄金寺院 溢れる笑顔 鐘の音
第2の故郷と決めた国 (高士)

ミャンマーに引き込まれてしまいそうだ。僕らは、この本のイラストを書いてくれた藍木《あもん》と一緒にミャンマーを旅していた。僕と相方の間に1人いるだけで気持ちの余裕が全然違ってくる。バガンという世界3大遺跡群に数えられる町がある。ここには数え切れないくらいの古い仏塔が建っている。そして僕は今、顔面全体が真っ黄色だ。ミャンマー人も二度見する。「タナカ」というミャンマーの黄色い日焼け止めを塗っていたらこうなった。相方の元、シティボーイを目指している僕には、街中でちゃんとしたブランド物を着ておしゃれしている若者が、そんだけ服に気を遣っているのに、顔面に黄色い粉を塗りたくっているというギャップが面白かった。なんで子供たち逃げるの？ 怖くないよ。僕と一緒に遊ぼうよ。僕らはバイク屋に入る。するとめちゃめちゃ人当たりのいい浜口京子さん似のミャンマー人が僕らを接客してくれた。お店の中には、黄色いバイクがポツンとあり、なぜかそのバイクに興味を惹かれたので、今回はこいつにしよう。早速浜口京子にお金を払い、遺跡へと向か

った。
バイクで町から離れると、草木の薄っすら生えた茶色い大地が広がり、褐色で様々な大きさの古い仏塔が無数に建っている。見た目がどれも同じでつまらないな、タナカ塗ってやろうか。その中でも目立って大きいのが3つくらいあった。大きい仏塔になると階段があり頂上手前まで登ることができる。時間もちょうど良さそうだったので登ってみると、そこから一望したバガンの夕暮れは美しく、時間を忘れさせるものだった。相方への日頃のストレスやモヤモヤがスッと消えていく感じ。いくつもある仏塔を上から見下ろし、遠く山の向こうから吹く、穏やかな風を感じた。
「明日は1人で来よう」そう心の中で呟き、遺跡を後にする。
僕はその時、女子高生になった気分だった。民族衣裳のロンジーを腰に巻いている体。ロンジーの中はパンツ一丁。風がお股に入ってきて開放的〜。再びバイクを走らせた。信号も何も無い田舎道のツーリングが気持ち良すぎて、あっという間にバッテリーは無くなっていく。こんな何も無い所でバッテリーが切れたら終わりだ。最悪、みんなのバイクに突っ込んで道づれにするプランはギリギリありか。結局、無事に町まで戻ることができた。それから何日か過ごし、次なる町へと移動する。

大きな湖のあるインレーという町に来た。ここで僕はミャンマーの床屋に行ってみた。2人の若いミャンマー人男性スタッフが対応する。僕の注文は「アップ　トゥー　ユー（お任せで）」。相方は髪の毛を生意気にも染めたいらしくヘアカラーを注文。僕のサイドをバリカンが刈り上げて行く。どんな髪型になるんだろう。一方相方は、僕の横の席でツインテールにされていた。なんかゴキブリみてえだな。僕の髪が切り終わったらしく、ワックスのサービスもついていた。ベトベトに塗られ、ガチガチにセットされた。そして、自分の髪型を鏡でみる。サイドは綺麗に刈られ、真ん中の残った髪の毛はおでこが出るくらい立ち上げられる。ハメスじゃん。サッカー、コロンビア代表の天才ストライカー、ハメス・ロドリゲスの髪型じゃん。相方もカラーが終わったらしいが、全然染められていなかった。ゴキブリみたいになった姿に、僕も藍木も気分をひどく害したので、謝って欲しいと思った。

床屋を出てから街をしばらく歩いて気づく。ハメスの髪型が多い。今流行りなんだと思うと、個性を重視するシティボーイ（相方談）にとって、ハメスの髪型は徐々に恥ずかしいものに思えてきた。

町を歩く。ミャンマーってこんなに金色への思い強かったんだ。仏塔の中に入ると、鐘の音が鳴り響き、辺りどこ見渡してもどこか重みを感じずにはいられない雰囲気。町は全然発展してないのに、なんで仏塔にお金かけてんだよ。でもそれが、「世界で一番仏教が濃い国」といわれる所以なのか。住んでいる人もめちゃめちゃ楽しそう。何があったらそんなに毎日ニコニコできるのだろう。ニコニコレンタカーの看板みたいな人達がたくさんいる。どうやったらそうなれるのか、相方にもその方法教えてやって下さい。なにやら、円になって植物のツタで編んだ蹴鞠をリフティングしている人たちがいる。何をやってるんだろう。ちょっと混ぜてよって言う前から、もうこっちにその蹴鞠が飛んで来た。ミャンマーでしか見たことないけど、チンロンって言うらしい。ミャンマー人ってシャイなのかな、最初は消極的な態度を見せてくるけど、ちょっとこちらから話しかけると満面の笑みで対応してくれる。シャイな親戚みたいなところが好きです。ミャンマーの発展してない所好きです。どうか変わらないお姿でいて下さい。

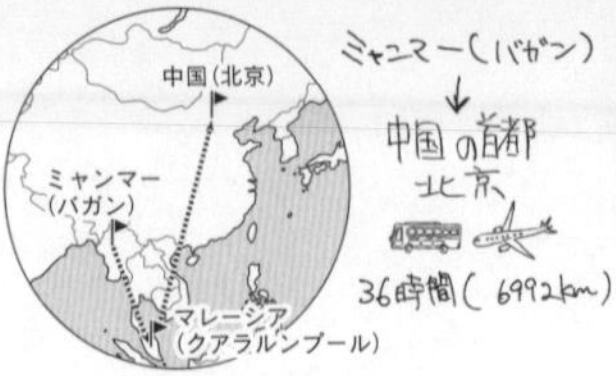

CHINA
中国

6/74

思っていたのと違くて、すごく嬉しかった

心星

今まで育ってきた約23年間。日本出身の俺は多種多様なメディアから、中国という国は「常に意識していないといけない国」というように教わってきた気がする。どうやったってポジティブ全開なイメージにはならなかったし、もし自分が超一流会社員だとして「次の転勤先中国な」なんてご機嫌な調子で上司に言われようもんなら、今までのキャリアを全て投げうつ覚悟で秋元康似のその上司に「僕は嫌だ！」と叫んでしまう気がする。中国の街中で「自分は日本人」だと言ってしまうと、怖いことになりそうなイメージが刷り込まれているような感じだ。軽率なことを言うようだが、これが中国に行くまでの本音。でももちろんこれは、中国を訪れた後の我々の感想との対比を楽しんでもらうために伝えたものなので、どうか安心して欲しい。

この旅で中国には計3回。トータル2週間ほど滞在した。最初に足を運んだのは首都、北京。そこで高士は到着早々、盛大に事件を起こす。まず旅の観光において「初日」ほどムズい日はない。土地勘もないし新しい通貨への感覚もあやふや。そん

な最中《さなか》、街中で高士が「SIMカードを買ってくる」と言うので、一旦別行動することにし、高士に宿までの行き方を丁寧に教えて差し上げた。先に宿に到着した俺は飛行機の乗り換えなどでなかなか浴びることのできなかったシャワーで汗を流し、昼下がりのベランダで次の目的地のモンゴルまでの陸路越境情報をネットで漁っていた。夢中になりすぎて相方の存在など忘れていたが、時間はあっという間に過ぎ、空を見上げると夕暮れ時になっていた。1時間もすれば宿に着くかなと思っていたが、もうゆうに2時間。門限を過ぎても帰ってこない子供を心配する母親の気持ちってこんなかな。高士の外見的特徴を宿のスタッフに伝えるが、「そんなヒゲだらけのクソ汚い日本人はまだ見ていない」と言う。旅を始めてまだ2ヵ月ちょい。初めての国での初日にこのミッションは高士にはインポッシブル過ぎたか。内心、自分の采配ミスを反省した。刻々と時は過ぎ、俺の到着から4時間。フロントのソファで猫と戯れてそわそわする気持ちを紛らわしていると（正

直犬派）、急に高士は汗だくで現れた。それも知らないヒゲの中国人男性を引き連れて。暑苦しいからこっち見んな！　と言ってやりたいとこだが、堪えて高士の話を聞く。実はあまり日本人には知られていないが、中国はインターネット規制が厳しくYouTubeやInstagram、Google、ＬＩＮＥなどの日本人には親しみがあるコンテンツは閲覧、使用ができない（ＶＰＮという方法があるが違法）。それもあってかＳＩＭカード自体が街中で簡単に入手できなかったらしい。街中で途方に暮れて歩いていると、とある三十代前半くらいの中国人男性が声をかけてきた。以下、愛情を込めて高士が命名した「ヒゲちゃん」と呼ぶことにする。

旅人なのに英語が話せない高士だったがなんとか用件は伝わり、ヒゲちゃんは自分の予定を変更して高士の買い物に同行してくれたらしい。しかも高士の雰囲気を見かねてか、ご飯に連れていってくれたり、ネット環境を求めてカフェへ行ったり、全力で手助けをしようと奔走してくれたらしい。しかもご飯もカフェも全てお金はヒゲちゃん持ちというから驚きだ。なんとか目的のＳＩＭを手に入れ解散をしようとすると、ヒゲちゃんが「宿まで送る」と言ってくれ今に至ると。その話を聞いて、まず俺は「金目的か？」と思ってしまった。今までの旅ではそう思うことが当たり前だったからだ。するとそのヒゲちゃんは何やら宿のスタッフと話し始めた。宿のスタッフが英語に通訳してくれる。身構えてスタッフに話を聞くと、「この日本人の子たちは泊まるお金を持っているのか」と聞いてくれているとのこと。突如目の前で見せられたあまりの親切心に、ヒゲちゃんへの疑いはすーっと消えていく。相手が日本人だとわかったうえでここまでしてくれるのか。それを知るまでに密かにかけていたヒゲちゃんへの疑いに対して、申し訳なさでいっぱいだった。最後にヒゲちゃんに「大丈夫、ありがとう」と伝えると、笑顔と心配が混ざった顔で帰っていった。

中国には、「日本人が嫌い」という人たちは一部いるとは思う。中国は世界一人口の多い国だ。分母が大きいから、そりゃ日本人嫌いな人だって多くいるように思えるだろう。でも自ら歩き、人と話してみれば、そんな固定観念はいとも簡単に壊れていく。もし無事に帰国出来たら、自分でも同じようなことが出来ればいいな。そして最後にヒゲの男性を見て「ヒゲちゃん」とあだ名をつけた高士へ。お前は、自分の顔面を鏡でもう何日も見ていないのか。お前の方が毛量的にいくぶんヒゲちゃんだぞ。

MONGOLIA

モンゴル

大学に行けなかった敗者の俺はこの国で大学生のリア充の奴らに負けない思い出を作ってきました

心星

朝青龍、白鵬、チンギス・ハーン、スーホの白い馬。実際モンゴルは漠然とこの4つの原材料からなり立っていると思っていた。モンゴルについて知っていることなんてみんなそんなもんだと思う。なんなら『スーホの白い馬』が出てきただけも褒めて欲しいものだ。石田ゆり子さんに膝枕して頂いたうえで、頭をなでなでして欲しいぐらいだ（は？）。

実際モンゴルの景色と言えば、皆さんが想像している通りの景色で合っていると思う。どこまでも続く、草原ばかり。でも地平線の彼方まで続く草原の景色って、世界広しと言えどあまりなくて、どうしてもアフリカのサバンナのように木が一本立っているなど、こう言っちゃ悪いが邪魔が入る。それもそれで確かに趣はあるが、どこまでも続く草原が旅の背景だなんて、こんな贅沢はない。

この国は当初、全く行く予定のない国だった。しかし急遽行く方向に風向きが変わったのは、インドの日本人宿で会った、関西出身の女子2人組バックパッカーから

の提案がきっかけ。「今度、中国からバスと電車を乗り継いで陸路でモンゴル行こうと思ってんねん。情報無いし不安やから一緒に行かへん？」と言われ、俺は食い気味に「いや、行きますやん」と関西弁で出来るだけ相手に伝わりやすいように即答した。こんなん言われて断る品行方正な好青年が実在するなら、俺の目の前にご両親を連れて来て頂いた上で、今までの教育や生い立ちの全てをドレスコードのあるフレンチレストランで食事でもしながら聞かせて欲しいものだ（お前に合わせて「フレンチ」にしてやる）。この瞬間、男女4人の「ムチムチあいのり旅 in モンゴル」が決定した。それも年齢はあっちの方が3つくらい上。ちょうどいい具合の年の差のお姉さん。「2ヵ月後くらいに北京で集合しよう」そんな感じで話はまとまりお互い別々の町へと旅立った。なんておしゃれな解散でしょうか。それから2ヵ月ぐらいして、北京で久々に顔を合わせた。その日はもう遅かったので、旅の計画だけ4人で確認して、次の日に出発。バスや電車を乗

り継いで首都、ウランバートルへと向かう。3日間シャワーを浴びられない女子には少々キツイ移動だったが、その最中《さなか》にモンゴルの国境からウランバートルまでの寝台列車から見えた夕陽は、そんな疲れを忘れさせてくれるものだった。そしてほんとにあの時見たんだ。幽霊や宇宙人じゃない本物の遊牧民を。走る列車に並走するかのように小高い草原の丘を馬に乗って移動する遊牧民の男性。そしてその後ろには直視など出来ないくらいに大きな光を帯びた真っ赤な夕陽。あんな大きな太陽を見たのは、後にも先にもあの時だけだ。そんな途方もない太陽が静かに沈み、また昇り始めたころ、列車はウランバートル駅へと静かに到着した。

　まあここらへんから気づいていたんだけど、気づきたくなかったことが一つあって、それはこの女子2人が全然異性として見られなくなってきているということ。とんでもない回数あぐらかくし、それも電車の小さな座席とかに無理矢理だ。他にもトランプに負けたら本気で嫌な顔とかするんです。旅自体が盛り上がって楽しいのは間違いないが、「ムチムチあいのり旅」感はそこにはもうなかった。高士と話して、考え方をシフトチェンジする。「いとこのお姉ちゃん」くらいで接しようと。そこからは緊張なんか全くで、ほんとドタバタで。こういう雰囲気にすぐなれるのも旅のい

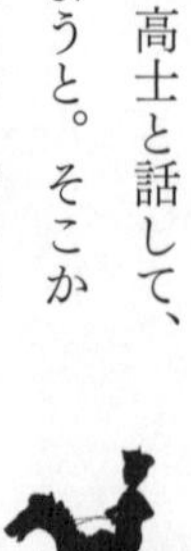

いところ。日本じゃありえないもんな。兵庫県生まれの3つ上の女の子とモンゴル。ほんと自由だ、旅というのは。

「世界で2番目に水の綺麗な湖」フブスグル湖で驚くべき透明度の水にしばしの時間、見惚《みと》れたり。湖畔でモンゴル特有の乗馬をしようと馬を借りるも、なぜか高士の乗った馬だけ10歩に一度少量の糞をするというとてつもなく燃費の悪い馬で、3人で爆笑。車とドライバーを手配し草原キャンプツアーするも、なぜか俺と1人の女子が急に体調不良に見舞われたり（前日に食べた韓国料理が怪しい）。大草原をバックにみんなでモンゴル800の『小さな恋のうた』を熱唱してPV風にビデオカメラで撮ってみたり。沈む夕陽を見ながらみんなでキャンプ飯を囲んで食べ、歯を磨いてテントに入ると毎晩のようにトランプの大富豪大会。遂にリア充じゃん俺ら。負けたら悔しがる人ばっかしだったから楽しかったのかな。当初の企画の意図からはだいぶずれたが、一緒にいたメンツにもほんと救われた。

はい！　なんかすごい思い出に浸って文章だけでノスタルジックになってしまっていますが、大学生の卒業旅行みたいでした。大学行ってないし、それぐらい多めに見て欲しい。そして、その舞台が草原と夕陽の国でほんとよかった。

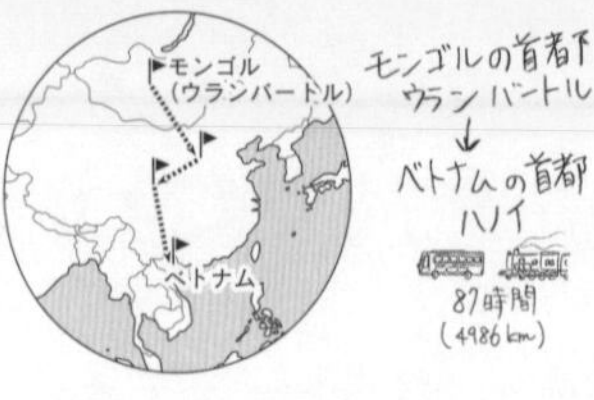

VIETNAM
ベトナム

8/74

この日を持ちまして世界一周やめます。相方と語り合った熱い夜

(高)

ベトナムは日本から行きやすく、食べ物も美味しいし、物価も安いことから人気な国だ。しかし僕にとっては世界一周中初めて日本帰国を考えた国でもあった。僕は、この前のモンゴルから中国へと抜ける夜行バスで、財布を紛失してしまったのだ。寝返りを打った際にポッケから落ちた財布を何者かに盗まれたらしい。財布の中には、クレジットカード、日本の免許証、現金1万2000円程が入っていた。この件はコンビ会議となる。なんでいつも僕ばかり紛失物事件が起きるんだ。大きなミスをしたらそれを補う挽回策を自ら考えて、自分で出来るようにする、というのが相方の教えだ。このミスに対して僕が考えたのが「1日に1発ギャグを10個、それを1週間続け、合計70個の1発ギャグを作る」というもの。お笑い芸人ならではの挽回策に相方も「おお、いいじゃん、頑張れよ」と鼻につく返答だが、ミスをした以上何も言えない。これが大変だった。日本人の旅人と出会えば一緒に観光するのだが、僕だけ「1発ギャグ作るので一緒に行動できません」なんて言えない。でも観光し

ても景色なんて目に入らないので、インスピレーションを求めに名前も知らない川に1人で散歩に行ったりもした。

1週間後、ハノイにいた。宿へと戻る人気のない夜道を相方と歩く。時計を見ると間もなく期限の日付をまたごうとしている。相方に「一発芸作った」と言わないといけないが、その一言が何故か出ない。5分くらい経過した頃、相方が「なんか言う事ないの?」と言ってきた。思い当たることは1つ。「1発ギャグ?」と恐る恐る聞き返す。その瞬間相方は僕の胸ぐらを掴んで「いい加減にしろよ!」と怒鳴り、僕は路上にあったゴミ箱にぶつかる。映画のワンシーンのように。相方「なんでいつも俺から言わないといけないんだよ」僕「ごめん」相方「1発ギャグは作ったの?」僕「一応、70個作った」相方「じゃあなんで、1発ギャグできたから見てよ、ぐらいの一言が言えないんだよ!」

この時の僕は、相方はめちゃくちゃ怖い人間で意見しづらいという先入観に囚われていた。「じゃあ、どうすんの?」と聞かれ、しばらく間を置いてから僕は「もう日本帰るよ」と答えた。冗談で「日本に帰りたいー」とか言ってきたけど、この世界一周で初めて本気で帰ろうと思った。何もかもが嫌になってしまったんだ。精神的にも身体的にも。「お前それマジで言ってんの？ちょっと座って話そう」と言う相方と、薄暗い石造りの階段に座ってタバコに火をつけ、腹を割って話し合う。相方からは「お前が日本に帰ったら、俺らコンビは解散か」「今まで応援してくれた人達を裏切ることにもなる」と色々な話を聞いたが、そのどれもが、「お前日本に帰るなよ」では無く、「本当にお前がそうしたいならダメとは言わない」といった感じで、こいつは、旅にもコンビに対しても本気なんだと思った。落ち着きを取り戻す。僕が帰国することで起こりうる事を考えたらなんか自分が情けなくなった。

1発ギャグに関して相方は「1週間で70個作るなんてなかなか普通にできる事じゃない」「せっかく作ったのになんで俺に言えないんだよ、勿体無い」と言ってくれた。コンビとして今の距離感では良くないとお互いが思っていたはずだ。今度はちゃんと自分から言おう。2人でもう一度旅をして日本に無事に帰ると決意する。夜遅くまで話し合いをしていたので、宿を閉め出されてしまった。観念してお互い全身汗でべちゃべちゃのまま外で笑い合った。シリアスな雰囲気でもすぐに元通りになれるのが、我々春道のよさです。

9/74

ラオス

東南アジア最大のアングラ国。薬物にはじまりアングラなものを身近に感じる沈没地。観光地のクアンシーの滝では高士がカナヅチ克服に挑む。しかし海とは違い淡水だった為、十分な浮力を確保出来ず水底へと徐々に沈下していく。笑えない。櫻間史上、初レスキューの舞台となった。

10/74

カンボジア

有名な世界遺産アンコールワットもいいが、それよりも特筆に値するもの。それは酒とタバコだ。生ビール50円。赤マル一箱100円。タバコに関して言えば日本の5分の1の値段だ。観光をよそに生ビールを飲んでタバコを吸って宿で会った旅人と談笑。あの暑さと高揚した雰囲気にまた呑まれたい。

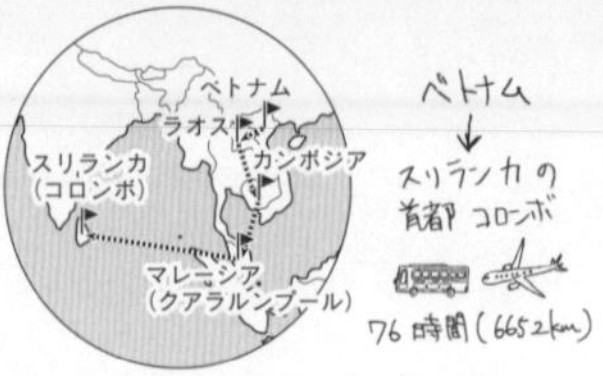

SRI LANKA 11/74
スリランカ

世界遺産の街でたぎる思いをぶつけた時のこと
両親には見せられないな。けどもう遅い。
心星

「えっ、インド人と同じ顔なのになんか違う」これがスリランカ人の生態だ。インドの目と鼻の先にあってインド人との顔の見分けがつかない人たちがいるこの島国には、インドでは乏しかった人の温かさを感じられた。インドを否定はしていないし、インドにも確かに温かい心を持った人たちはいた。インドに比べスリランカが出来過ぎているからそう感じるのだろうか。

スリランカの首都、コロンボ。この頃は、東南アジアや中国の方を周っていたから久々だ、この感じ。どこを歩いても視界に入るもの全てが汚く雑多で、香辛料のお世辞にも好きとは言えない匂いが街中に漂っている。それも空に浮かぶ太陽は、裏で飲料水を売っている業者と手を組んでいるのか、と思うほどに汗ばむ天気を演出してくれている。でも、これほど旅人のやる気が促される土地はない。旅の最初にインドやネパールなどに行ったからこんなに「原点」に戻ってきた気がするのか。日本にいた時には考えられなかったが、こういう所の方が落ち着く体になってしまった。

そう、これこそが旅なんだよ。
目的地ダンブッラまでのバスの車内は超満員で、大きなザックを背負った俺らは他の乗客に嫌な顔をされる覚悟を強いられていた。まあ、旅中よくある事だし慣れている。「お前の顔はテロリストみたいだから、先陣切って突っ込んでみて。みんな避けるから」という絶対に成功しないと思われる作戦のもと、高士に犠牲になってもらった。大量の人に揉まれながら、次第に力尽きていく高士の様子を見て、悠長にタバコを吸いながら思い描いた通りの目の前の光景に笑いが止まらなかった。意気消沈した高士を「笑ったわ」と慰めながら、「違う扉側から突っ込むしかないね」と伝えると、「次のバスでよくない？」と高士。すると、その一部始終を見かねてか、奥の座席に座っていた、かなり高齢のしわくちゃなお婆ちゃんが「私の膝の上にそれを乗せなさい」とザックを指さして言ってくれるではないか。いやいやとてもありがたいが、お見受けするにデコピン数発喰らったらゆっくりと息を引き

取ってしまいそうなしゅわくちゃなお婆ちゃんだ。流石に無理だろ、なんて思っていると、次は横から違う若い男性が「俺の膝の上に置け」と言ってきた。そこから息つく暇もなく、俺も俺もと、次々に自分のことを犠牲にしようとする人が現れた。ぶっちゃけインド人と同じ顔のスリランカ人。インドではありえない状況が違和感でしかなかった。これがこの国に来てから最初にスリランカ人の優しさに触れた瞬間だった。困っているとすぐに助けの手がのびてくる。そんな人たちで溢れている。

そこからまた数日して、キャンディという世界遺産の町へと移動した。ここは山に囲まれた古都として有名で、お寺やお土産屋などが観光客で賑わいをみせる中、俺はエッチなお店を探していた。わかっている。急ハンドルではあるが話を進めさせて欲しい。自分なりに分析するに、これはスリランカの女性たちの人当たりの良さをあちこちで目の当たりし感動するあまり、女性への意欲が促進されたものと思われる。高士は「童貞卒業はここじゃない」とカッコつけて断ったが、地元の友達が2人日本から遥々《はるばる》来ていたので、その内の変態一人と行くことに。やっぱり外国のエッチな店を探すときに手っ取り早いのはタクシーの運転手だ。すると高士がえっぐいスケベ顔のタクシーのおっちゃんを捕まえてきてくれた。「エッチなお店に行きたい」という事情は既に話しているようで、おっちゃんは俺の顔を見るなり猛スピードで近づいてきて「ジキジキ！」（性行為を表す俗語）と連呼してくるではないか。絵面的にはさながらエッチな店にこのまま行ってしまいそうな勢いなのは、俺らじゃなくておっちゃんの方だった。ただ冷静に「こいつ死ぬほど詳しいだろ」とも思った。「明日の方がいいから、宿まで迎えに行くから待っとけ」という指示が出たのでその日はおとなしく寝ることに。次の日、変態（俺）は起床した。「今から世界遺産の町でいかがわしいことをするんだ」という背徳感から、変態はなんかこう、すごく元気だった。定刻通りに来たタクシーに乗って店へ向かう。気持ちを高める。低俗なタクシーが世界遺産の町を走る。失礼致します。店に着くと、そこは怪しげなマッサージ屋だった。地球に優しい企業方針なのか、電気はついておらず暗い。おっちゃんに聞いたところ、マッサージをしている女性の手が下半身のあたりを入念に触り始めたら合図とのこと。そこでチップを見せて交渉せよと。真剣な眼差しで聞く俺ら。待合室で待っていると、店長っぽい風格のおばさんが不愛想に俺らをそれぞれの部屋に案内する。スリランカでこんな不愛想なのも珍しい。と、おばさんは「ここで待ってて」と扉の向こうへ。俺は目にもとまらぬ速さで服を破かんばかりに床に脱ぎ捨て、体に対して明らかに面積が小さいタオルを御挨拶程度に秘匿部分にあてがい、来たるべきレディへの全裸待機の姿勢をここに完了した。俺はベッドに座りどんなレディが来るのか想像する。愛想のいいスリランカの女性なんて、偉そうな物言いになるが大抵がほぼほぼ満点。ネガティブなイメージなんて持ちようがない。すると、ガチャ。扉が開く。さあどんなレディが来るのかな！　高ぶる気持ちを抑えてドアの方に視線を向けると、白い制服に着替えたさっきの無愛想なババアが仁王立ちしていた。嘘だろ。冗談だろ？　うまく唾が飲み込めない。それも、これは流石に見間違いだったかもしれないが、ババアの頬が先ほどより紅潮していた気がする。全く求めていないババアのプロ意識に恐怖さえ感じた。なんでなんだよ！　あのおっちゃんのタクシーのナンバー控えておけばよかった。次おっちゃん見つけたら、タクシーごと葬りたい。そしておうちへ帰りたい。抗うことを諦めてババアに身を委ねた。全然ワクワクしないが、マッサージの腕だけはゴリゴリに上手くて泣いた。この後の詳細はご想像にお任せするが、終盤、性的興奮が頂点に達し、理性を失った俺は、「キスは？」と聞いた。するとかなり長い時間、俺の全身を舐めまわすように見てからババアは、「君とキスはないかな」って言ってきた……。いやいあやいいあや!!!　なんでこんなババアに21歳のいわばピチピチの俺がフラれんだよ！　意味わかんねぇよ！　それも問題は長い時間を費やしてのアンサーだったということだ！　ってことは本気で俺のルックスを判断材料とした上で冷静に、「こいつとキスはないな」って判断に至ったたって事だろ!!　俺はもっと泣いた。まずなんでババアに審査されてんだよ!!　ってかそもそもなんで俺はババア相手に「キスは？」って聞いたの？　マジで教えて。それと、意識が混濁するぐらいまで誰か俺をぶん殴って。はぁ、なんか「私、けがれちゃったの」と言ってる女の子の気持ちがこの時だけはわかる気がした。

スリランカでの出来事はハートフルなものばっかりだった。こんな急に締めくくると、苦し紛れだと思うかもしれないが、信じて欲しい。結局のところスリランカの人たちの優しさというか、純粋さ（タクシーのおっちゃん）は、「また行きたいな」と思わせてくれるものだった。自然の景色とかもほんと書こうとしたんだけれども、俺のクオリティーの低い官能小説パートで綺麗に潰れてしまったので、いつか喋らせてくれ。ズルい言葉だが、百聞は一見に如かず。どうか俺らと同じ気持ちになるか試してきて欲しい。

12/74

マレーシア

首都にある、クアラルンプール国際空港。この旅で一番縁があった空港。その数5回と断トツ。一度この国に入国し、また次の旅へと駆け出した。いわばゲームのセーブポイント。空港の施設把握度は警備員に引けを取らない。

13/74

ブルネイ

世界有数のお金持ち国。オイルマネーで潤っちゃって潤っちゃって。小さな国ながらもオイルマネーの恩恵受けまくり。首都の町並みは、もはやほとんどの人が車で移動をしている為、大きな道でも人影を見かけない。シムシティみたい。

14/74

フィリピン

首都のマニラの夜は、治安の悪さと、すぐそこの物影から何かに襲われそうな危なげな雰囲気がビンビン。そんな危険を冒してでも夜の街へと歩みを進めないといけない理由が我々にはある。みなさんはゴーゴーバーって知ってますか。

15/74

シンガポール

チャンギ国際空港のプレミアラウンジ。全世界のラウンジに入れるパスをいっちょまえに所持していた我々が星の数（22コ）のラウンジを回って弾き出したNO．1ラウンジ。侮るなかれ、ラウンジへの愛なら外資系の飛行機であちこち飛び回っている常連サラリーマンにも負けない。シンガポールなんてラウンジに街がくっついただけでしょ。

16/74

インドネシア

バリ島の空と海はどこまでも青く澄み、落ちて行く夕陽に照らされる海が真っ赤に染まっていく景色はお酒の「MALIBU」のパッケージのよう。ヤシの木の木陰、真っ赤な海を眺めながら飲むリキュールが喉をするすると通っていく。火照った体にお酒と南国の海。同じ時間を共有するのは目の前の海のように真っ赤な水着が似合うアジアン美女ではなく、あまりの湿気と暑さに顔が火照りまくった相方。げっそりする。場所と相手は考えものだ。

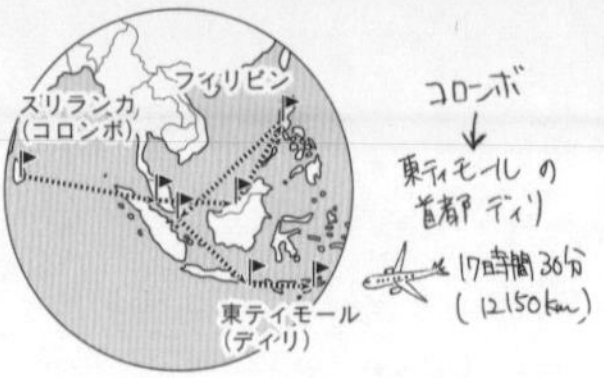

EAST TIMOR 17/74
東ティモール

のどかな島国で高士のお笑い偏差値について考えてみた

心星

この旅一番のマイナーな国に来てしまった。東ティモール。国名の一部に方角が入ることが違和感でしかないが、ホントにそんな名前だから一度覚えてしまえば忘れることはない。2002年っていうけっこう最近インドネシアから独立したばっかりの新参者。ってことで俺と高士より年齢的には下になる（僕たち、池田エライザ世代）。高士より一つの国の方が、下級生だなんて笑わせてくれる。下級生の東ティモールから学校の渡り廊下とかですれ違う度にいびられてくんねえかな、あいつ。

インドネシア南東部に位置する観光名所もないこの島国に行く奴なんて、よっぽどの物好きと言える。じゃあなんでそんなところに我々は行ったのか？　答えはとても明確だ。「東南アジア制覇」この称号欲しさのみなのだ。なんてみすぼらしい旅の仕方だろう。でもそこにちゃんと照準を合わせたら最後までたぎる思いで突っ走れちゃう、旅に対してピュア、変なところにまじめなのが我々の強みかと。

「首都じゃないよね？　外国人は俺らだけってことでいいよね？」高士に聞くと

「絶対、俺らがこの国で最初の外国人だろ」って答えて不覚にも少し笑った。だだっ広い空港の出口には現地のタクシードライバーが集まっており、俺らを見つけるや否やあの金持ってそうな東洋人は私のだ顔で、俺ら目がけて突っ込んでくる。いや怖い怖い怖い。とんでもない圧の客引きを喰らうが、そんな中でも「アルバイト初日です」みたいな控えめなスタンスを貫く若い少年ドライバーを奥の方で見つけた。冷静に値段交渉ができそうと思い話しかけ、予約している宿までの道のりも把握していたので、彼の車に逃げるように乗り込んだ。タクシーは東ティモールの海岸をひた走る。たくさんのヤシの木が海沿いに風に揺られながら佇んでいる。ここが島国であることを自らわかっているかのようにヤシの木は揺れている。車が街に入っていっても、窓から流れる町や人の姿は平和な島国の雰囲気を崩さない。空港で俺らを襲ってきた人たちも仕事を終え、町に帰るとこんな感じでゆるゆるなのかな。

宿に無事にチェックインをして島を散策。一応、観光地として大きなキリスト像がある見晴らしのいい丘があるので行ってみることにした。宿のスタッフに聞いた通りに乗り合いバンに乗る。バスじゃなくてバンなので定員は15人くらいなのだが、乗った直後息を飲んだ。乗客が全員、お揃いのリュックを背負った小さな子供たちだったのだ。「えっ、スクールバスじゃね？」と、高士と焦って目を合わせると、子供たちの視線をもろに浴びる。スクールバスに急に汚い金髪の目つきが悪い男とヒゲだらけの童貞が乗り込んで来て、車内で挙動不審になっているというこの状況。どうだ、事件性しか感じないではないか。ドライバーに目的地を言うと「座っとけ」としか言わない。ならスクールバスじゃないのか。安心はしたものの相変わらず肩身は狭い。子供たちの様子はというと、最初はかなり我々に対して警戒をしていたものの、時間が経つにつれて、ちょっかいを出してくるようになってきた。次第に打ち解け始める。すると1人の少年が我々に急に一発芸をかましてきた。これには少々面を喰らう。意味はわからないが他の子たちが爆笑しているので、さぞかし面白いんだろう。しかしながら、少年。今回は相手が悪かったな。こちらもちゃんと日本でお笑いの養成所に通っていた事実がある。フリオチ、伏線、たくさんのお笑い的スキルは学習済み。やられっぱなしじゃいられない。そう思い、横に座る高士に目を向けると、高士は「あとは相方からの号令だけ」といったような出番寸前の芸人の顔をしていた。高士に「いけぇええ！」と号令をかける。すると高士はおもむろに自らのパンツの中に手を突っ込んで自分の陰毛をバスの車内空間に笑顔で撒き始めたのだ。愕然とした。

こいつのお笑いのレベルはこの子たち以下だったんだ。これでは本当の意味でバスジャックになってしまう。しかし島で育った純粋無垢な子供たちはこれに大爆笑。高士も、俺には到底理解できないが、芸とも言えない芸に、うんうんと首を縦に振り達成感を感じているようだった。とても引いた。相方という立場から、とても複雑な気持ちになり窓の向こうの美しい海を見ながら自分の感情をなだめることに集中する。バンは終点の村に着いた。何はともあれ子供たちとは完全に打ち解けたので、時間もあるし浜辺で一緒に遊ぶ。こんな時間が一生続けばいいのにと思わずにいられない、いい時間。

東ティモールにいる間は、観光などはほとんどせずに島の人たちと一緒にいる時間が多かった。観光するとこが無いってのもあるが、この国に滞在するならそんな時間を大切にした方が間違いなくいいと思う。書きたい思い出はまだたくさんあるが、これにて終了。次なる旅はオーストラリアでの定住生活。旅は一旦休憩へ。

18/74

オーストラリア

人生初めての車はアメ車になりました。東京で今こうやって生活していると、あの頃、同じ屋根の下で暮らしていた友人たちと、我々のアメ車に乗って釣りやキャンプ、旅に繰り出していた頃の我々が、羨ましいったらありゃしない。

19/74

ニュージーランド

オーストラリアでのワーホリが終わり、半年ぶりの旅の再開。久しぶりの旅程及びビザの確認作業。既に18ヵ国放浪していたのにほぼデフォルト状態。これから向かう南米に向け、肩慣らしにオークランドの市街地に足を運んだ。

20/74

チリ

章の最後に、フライングで南米最初の国について少し。「そんなにビビらなくても」っていう街でも、お互いの死角を消す為に高士と半分背中合わせになって歩いていた。初のスペイン語にも四苦八苦。南米にビビっていた。

高士日記

［オーストラリア］

12 Nov 2017 (Sun)

テントの中は暑い。あもんが最初に外へ避難した。次にリン、おれの順番。結構な暑さだというのに、車内で1人でいる相方はいまだ寝ている。約10時ごろ相方が起きた。朝食の準備をはじめる。朝のホットドリンクは、カフェオレにしたのだが、古い方の牛乳とまだ開けていない新品の牛乳があり、リンと相方に古い方の牛乳とコーヒーを混ぜると、みそ汁みたいな見た目になり上手く合成してくれない。古い方の牛乳は終わり、おれとあもんちゃんのコーヒーには新品の牛乳を入れると上手にMIXしてカフェオレができた。原因は牛乳にあったのだ。みそ汁カフェオレを飲んだ2人に特に問題はないし、相方は"リンが買った牛乳のおかげで快便"と言っていたので結果オーライ。最初はリンの運転で約300km走り海沿いの町に着いた。潮風が気持ちいい。相方が"海沿いにいけばシャワーがあるだろう"と、めどをたてた。見事にシャワーを発見。やはり相方はすごい。おれに相方のおもちゃになり、ボロボロに遊ばれ、顔に水をかけられ草原にすてられたのだ。潮風が気持ちいい。2日ぶりのシャワーを浴びた。水しか出ないので、相方は"そういうプレイだと思え"と独自の視点を広げた。おれは好きな女優No.7の米倉涼子さんが胸の谷間が見える上着にショートパンツの格好を思いうかべ素敵な時間を過ごした。リンとあもんがどこかへ出かけ、その間相方からスケボーの"おうりん"というワザを教わった。正直めんどくさかったがつきあってあげた。しばらくすると、リンとあもんがもどってきて、フィッシュ&チップスのお店でフィッシュ&チップスとMIXジュースを買ってきてくれた。全部で20ドルちょっとしたらしい。海沿いのフィッシュ&チップスほど美味いものはない。チップスをタルタルソースにつけ、イカリング、シュリンプ、フィッシュ。あもん、リン、フィッシュ&チップスを作ってくれたスタッフ、魚貝類をとってきてくれた漁師さんに感謝!!! あっという間に食べ終えてしまった。相方は腹が減っている時に大好きチップスを食べれて上機嫌になっていた。相方はチップスが本当に好きという事は前々から聞かされていた。

高士日記

［オーストラリア］

運転は相方に代わり、約100km程先にある町へ行った。ガソリンを入れてスマホで地図を見る時に便利なスマホホルダーを買い換えるためK-martへ行ったが日曜日のため閉まるのが早かった。時間も時間で夕飯はマックで今日の調理はなしという事で今日はすることがない。調理がしたい気持ちが相方に伝わったのか"コーヒーだけ作って"と頼まれた。ここのマックはwifiがないという事でおれと相方はマックで食べ、あもんとりこはその後ハングリージャックスへ行ってwifiあるかどうかをたしかめることに。ハングリージャックスへ向かうため、車に乗り込もうとしたら、おれの所のドアだけ開かず、相方はおれを取り残し走り去っていった。目の前にハングリージャックスがあったので、相方はそこに行くのかと思いきや、通り過ぎて行ってしまった。相方がおれをためしている事はわかっていた。自然と道ばたに座っていればお面白いかな？っと思っていた。相方がりん、あもんを乗せた車が戻ってきた。おれの判断は間違いだった。相方は"現地の人と話してたり、ストレッチしたり"アクションを求めていた。ハングリージャックスでは、有名な5ドルのセットをあもんが頼みそのセットをテーブルに置き、車にマウンテンパーカーを取りに行ってる間、お笑い脳の相方はあもんがいない間にあもんのセットを食い散らかした。あもんが帰ってきてこう言った。"えぇ～お腹すいてたのに～"良いリアクションだ。おれもリアクション芸人として負けてはいられない。ハングリージャックスにwifiはなかった。

- 牛乳は早めに飲もう
- 2日ぶりのシャワー
- 海沿いのフィッシュ&チップスは最高だぞ!!!

☆

PART 002

「アメリカ大陸編」

アメリカ大陸での過酷さって、
終わってみれば達成感と
後悔だけが残る、
学校の期末試験みたいなもん。

北米、中米、南米。名前にアメリカを冠しているだけあって、この地域の国には距離など関係の無い共通点があった。今考えると、1年半という限られた期間、一番心が焚きつけられたのはこのアメリカ大陸だったかもしれない。ホントは行きたかった国や観光地はたくさんある。でも次の場所へと進まないといけない。でもそこを犠牲にした分、成し遂げられた目標もあって。映画やテレビ番組の影響で、小さい頃からアメリカに憧れていた自分に言ってやりたい。アメリカはお前が思っていた通りの国だったぞ！　そこにいるだけで感じるエネルギーみたいなものは、世界を旅した今だから堂々と言ってやる。あそこだけ何かが特別だったぞ！

心星

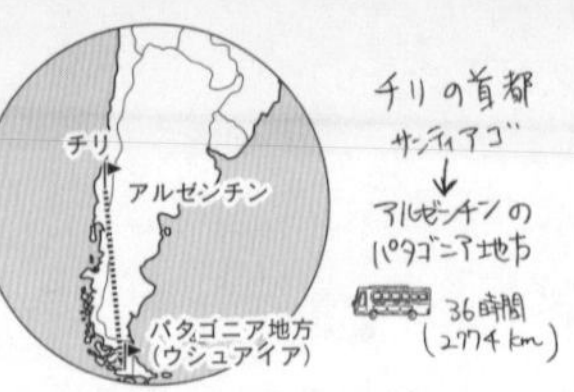

俺が死ぬ直前の走馬燈は「パタゴニア」で
見てきた風景がただただ流れてくれれば
それでいい
心星

この国に対する自分の愛は計り知れない。定規やメジャー、この世に存在するものなんかじゃ足りるわけないビッグラブ。自然派。冬派。朝派。自然にマッチする冷たく澄んだ空気が好きな俺には、アルゼンチンは好きなものを詰め込んだような所だ。この国を本当の意味で知ろうとしたら膨大な時間がかかると思う。日本だって北海道と沖縄でかなり差はあるとは思うが、アルゼンチンはレベルが違う。北には鬱蒼《うっそう》としたジャングル地帯のアマゾンが広がり、南部、最南端まで行くと南極が目の前にあり、野生のペンギンが生息している。ワンダーランド過ぎるよ。ジャングルとペンギンが共存する国、それがアルゼンチンだ。

そんな雄大な大地、アルゼンチンで特に気に入った場所がある。その場所の名前は、行く前からなぜか俺と高士には聞き馴染みがあった。その地域一帯を人々は「パタゴニア」と呼ぶ。そう、あのアウトドアブランドの名前の由来になった場所だ。パタゴニアは南米大陸の最南部にある。世界地図を見てもわかるように、そこは「世界

の果て」。パタゴニアの自然といえば、全ての生き物をまるで歓迎していないかのような荒廃とした砂地の荒野。終わりなきパンパ（大草原）。氷で覆われた氷河の一帯。そして、全ての生き物を歓迎するかのような色彩豊かな森林。バスはまるで違う惑星のような環境をひたすら走っていく。時間は流動的ではなく、まるで止まっているかのよう。もう生きているうちに来られないかもしれない。そう思うと目の前の景色が愛おしくてたまらなくなった。「日本の反対側はブラジル！」だなんて。鼻水を拭くことを忘れて日々ドッチボールで最後の一人に残ることに夢中な子供でもわかることだけど、それは浅知恵なのかもしれない。日本から一番遠い場所はここで間違いなさそうだ。

ここパタゴニアには中小規模の町が点在しているが、どの町も自然とうまく調和しているのが、もう堪らなく好き。こんな大スペクタルの自然を目の前に悪さをしようって人はいないのだろう。治安面も安心できる。住む人たちのセンスも抜群で、個性派の町々を好きになることを拒ませるものがあるとしたら、物価が少し高いことくらい。

世界最南端の町、ウシュアイア。ここはパタゴニアを旅する人にとって最終目的地になる。誰だって「世界最南端の町」って響きだけで心躍るものだ。観光地もいうほどないし、美味しいご飯もない。言っちゃ悪いが何もない。でも、ただベンチに座り「海の向こうは南極」と頭の中で膨らませるイメージが、自分の今いる場所に酔わせる。旅人はそこに行く為だけに何日もかけて旅をする。時間とお金をたくさん費やして。旅人はなんかの病気で、それはたぶん、かっこいい病気なんだと思う。パタゴニアの厳しい環境を乗り越え、旅をして生まれた新しい感覚だった。

旅をしていたら毎日、晴れがいいに決まっている。気持ち的にも写真を撮るのだって晴れに越したことはない。でもここパタゴニアだけはそうとは限らない。そんなことを思ったのは、世界最南端の町ウシュアイアに行くときの汽船に乗るときに見た、曇り空だった。あたりに空を遮るようなものは一つもなく、ただただ空と海が寂しく広がっている。イメージ的には「津軽海峡冬景色」の歌詞のような情景かな。世界の果て、それも世界最南端の町に向かうならこれぐらい曇っていてくれた方がいい。むしろ歓迎されていない方がこっちだって冒険している気になれる。

まだまだ紹介できていない自然や町もふんだんにある。実は牛肉やワインが日本の半額以下の価格で手に入る、なんておまけつき。そのおかげで料理係の高士はハンバーグをこねまくる日々。ある時高士にアルゼンチンのイメージはと聞くと、「ハンバーグをこねるのが上手くなった国」と言われた。俺もこねるのを少し手伝えばこんな悲しい答えにならなかったかもしれない。ごめん。でもあの時、男2人で仲良くハンバーグこねるのは、なんかダサいと思ったんだよ俺。

22/74

ウルグアイ

アルゼンチンから船で片道2時間、観光地のコロニア・デル・サクラメントを訪れた。滞在時間は1時間だが、誰よりも濃密なウルグアイを過ごした自負はある。店先のオバハンもレストランの福士蒼汰似のウェイターのハンサムもみんな気さくで抱かれてもいいくらい。いや抱いてくれ。これは櫻間ではなく、林談です。

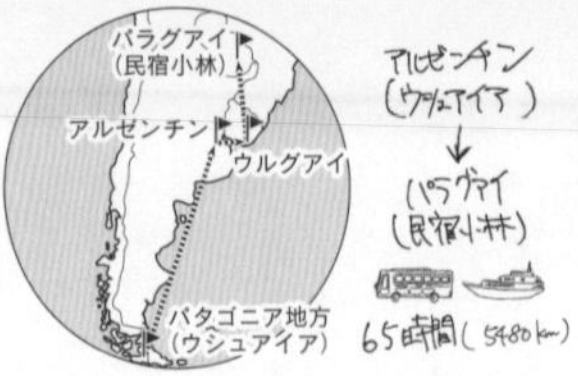

PARAGUAY

パラグアイ

23/74

地球の反対側に広がる国は日本にあるどこよりも温くて、親しむべき場所だった

心星

自然や街並み、文化。どれを取っても他の地域を寄せ付けない魅力を秘める南米大陸。ブラジル、アルゼンチン、ペルー、ボリビアなどタレント揃いのこのエリアでひっそりと静かに佇む国、それがパラグアイだ。観光資源が乏しいパラグアイだが、実は日本からの旅人が多く集まる場所がある。世界3大瀑布の「イグアスの滝」から2時間ぐらいバスに揺られて着くのは「イグアス日本人居住区」。ここには昔々、日本から船に乗り、新天地を目指してやってきた日本人やその子孫が暮らしている。町にはお寺や農協、麻雀をする場所まである。土が赤土というところを除けば日本の田舎町となんら変わらない。ここには白米もあれば納豆もある。お餅もあんこも助六寿司もわさび醤油もある。長く日本を離れ日本食に飢えた旅人からすればここは救済地。旅をしているとあるんですよ、自分が日本食を食べている夢を見ることが。でも、ふと起きると目の前にはいつも通りのパッサパサの食パン。もはや俺らからすれば日本食が出てくる夢なんて淫夢です。起きてすぐ「やばい！夢の中に戻らなき

や！　最後に海苔を貪るワンシーンだけやらして！」と本気で思うということは、すなわち限界だったんだと思う。
そしてその居住区のはずれに「民宿小林」という、世界中の日本人宿の中でも圧倒的知名度を誇る宿がある。宿の周りには民家が4、5軒だけ。人の背丈ぐらいの作物の畑に囲まれている。終わりの見えない道の先には鉄塔が等間隔で並び、電線がそれを結んでいる。そこに我々は1週間ほど泊まることにした。ここに行った人は「民宿小林について書くのか！」と、そわそわしているんじゃないでしょうか。それはそれだけ多くの旅人にこの宿が愛されていた証拠に他ならない。
この民宿小林。日本人の小林さん夫婦が営む民宿だ。2人とも70歳前後ぐらいで息子さんも一緒に暮らしている。2人のことは「お父さん」「お母さん」とみんな呼ぶ。2人の人柄的にもそう呼びたくなってしまうのが凄いところ。そして、民宿小林と言えばやはり晩ご飯。外の大きな机を旅人みんなで囲う。食卓にすき焼き、とんかつ、餃子、ちらし寿司などがお出ましに。いくらおかわりしても「あら、もう炊飯器が空になっちゃったの」なんて言いながらお母さんが新しい炊き立てご飯を大量に持ってきてくれる。そんなところだから、旅人は胃袋をガッツリ掴まれ、予定より長くこの宿に沈没してしまうのだ。じゃあ晩飯以外の時間はなにしてんの？　と唐突な質問が飛んで来ようとも、民宿小林の牙城は崩されない。1日1回、ハイエースに乗っての農協への買い出し。お父さんに「おめぇ、毎日農協行くべな、乗るな！」なんてお褒めのお言葉を頂きながらもハイエースに平然と乗りこむ。農協には日本の食べ物がなんでもあるのでひたすらショッピングを楽しむ。帰りにお父さんにアイスをごちそうすると「おめぇ、いいやつだぁ」なんて言われ、目上の人に失礼だが、可愛いったらありゃしない。次は犬の散歩。犬だけでも7、8匹いるが、鉄塔へと向かう真っすぐな田舎道に犬たちを解き放ち5分くらいすると勝手に帰って来る。犬にとっても民宿小林は帰ってくるべき、沈没地なのかもしれない。

滞在中、居住区の神社でお祭があった。日本のより簡易的だが、餅つきや露店で賑わっていた。日本から離れすぎている為か、子供時代を思い出すような錯覚に陥った。ここでは、小林さんから色んな話を聞かせてもらう。「ここら辺一帯のジャングルを最初はシャベル一本で開拓した」「日本に帰りたいという我が子をなだめながら、汗水流して町を作った」と壮絶な話ばかりで衝撃的だったが、ここに住む日本人はものすごい「胆力」があるんだと、自分に投影したくない言葉が思い浮かぶ。その後も、お餅をついたり焼きそばを食べたりと楽しい時間を過ごし、宿へと帰る。「満腹でこの後の晩飯が食べられないのはもったいない！」という理由から庭でみんなでバレーボールをする。わいわいする。いい歳こいた大人がわいわいする。お父さんが我武者羅になって頑張るのを見て、またわいわいする。そして、みんながヘトヘトになって疲れた頃にお母さんから「そろそろ、ご飯できるわよ！」と声がかかる。子供時代、夏休みに田舎のおばあちゃんの家で過ごしたのと同じ。パラグアイにいる間は、景色や時間の流れ方もあいまって、センチメンタルな気持ちにならずにはいられなかった。治安が良いとは言えない南米。緊張と緩和が交互にやってくる旅路での最強の救済地として、これからも日本人の心の拠り所であって欲しい。そして最後に。あの時台所でお母さんと一緒に晩飯のにんにくの皮をむきながら「芸人目指してるんだ！」と急に自己紹介したあいつか、といつか気づいて欲しい。欲を言えば、この本を届けたい。お父さんとお母さんに、また会いたい。

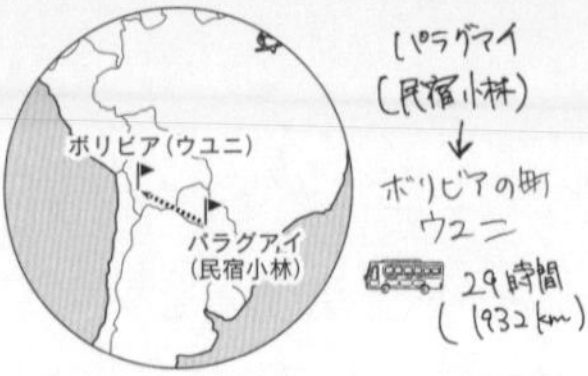

ウユニ塩湖の真ん中で限界を越えた。高山病が憎い。高士は完璧だったのに

(心星)

「南米大陸の壁」アンデス山脈の険しい山々に囲まれた天空の国、ボリビア。観光業が盛んで、旅人なら誰もが知る天空の鏡、ウユニ塩湖やマウンテンバイクで危険な山道を滑降するデスロード、比較的安価でトレッキングができる6000m級の山々など、色々なことができる刺激が魅力の国だ。ラパスは世界で一番標高の高い首都で、その高さは約3600m。富士山の標高とほぼ同じなのだ。そこに国の中枢があって大勢の人が住んでいるなんて、全くいかれてやがる。そんなボリビアに来る時には覚悟をしないといけないことがある。地形の特性が及ぼす人体への影響、「高山病」だ。この国で初対決となった高山病。来る前から勉強していたし、なめてなんかいなかった。なんならちゃんと恐れていた。それなのに。なあ、高士。

最初の目的地は「ウユニ塩湖」。早速大本命。ボリビアに限らず旅全体で考えても、結構な目玉だ。南部のサンタクルスからバスで半日かけてウユニの町に移動する。到着後すぐに深夜のツアーで塩湖に向かい、絶景の星空と朝焼けを鑑賞するプラン。

その為到着する頃には抜群のコンディションでいなければならなかった。バスに乗る前と後では標高差が3200mもある。ゆっくり標高を上げ、半日以上かけて山々を越えていく。南米に入ってから、長い時間パンパと言われる草原エリアを旅していたので、いよいよアンデス山脈のおでましか、と車窓から見る深い山を、固唾を飲んで見ていた。友人から貰ってバックパックの底に眠っていた高山病の薬を高士と飲む。水をたくさん飲むことが高山病には効くというので水も普通以上に飲む。タバコは期間限定で高士と同時にやめた。標高が上がる度に深呼吸を繰り返す。全ては高山病へのケア。今考えてもなにもかもが完璧な対策だったと思う。

そして日が沈む頃、バスは無事にウユニの町に到着した。バスも無事だし俺も無事。だがあろうことか、俺の最愛の相方、林高士に高山病は牙をむいた（悲惨）。高士はホテルに到着するなりトイレに本気のダッシュで駆け込み、便器の中に友達でもいるのか、ぐらい顔を突っ込みオエオエ吐いてしまった。寒さと不安からか彼は震えていた。それはそれは激しく震えていた。その光景を見てやばい、なんか俺も震えてきた。ごめん、高士。面白すぎて震えが止まらないわ。ここまでの高山病対策、何をどう振り返っても彼に落ち度はなかった。だってまず俺元気だし。全く同じことをしているのにここまで差が開くとは。ツアーの時間が刻々と迫ってきている。んー、どうしよう。どちらかと言えば、ウユニ塩湖を鑑賞するより、このまま悲惨な目に遭っている高士を鑑賞している方が個人的には面白い気がする。しかし流石にツアーの方を今回は選んだ。「どうする？　宿で休んでる？」とカメラの準備をしながら聞くと「いや、俺も行く」と高士から返事。「無理すんなよ」そう言いながら迎えに来たジープで塩湖へと向かう。途中の道が未舗装で車が揺れる。揺れるたびに隣の高士から「ウッオッイヤッ」とバグったシンセサイザーみたいな音が漏れてくる。辛い。辛すぎる。ここまでくると流石に同情する。

30分くらいすると、車は次第に浅瀬の湖面を走り始めた。あたりは暗いが車の中から見渡して気づく。「ウユニ塩湖だ」。「おい、ウユニだぞ。ついに来るとこまで来たな」そう話しかけても応答がない。辛すぎて寝ちゃったかな。そう思ってふと隣に目を向けると、高士はあろうことか、目をガン開きして真顔で斜め上を向いていたのだ。俺はあの時初めて、「限界を超えた人間の顔」を見た気がする。俺は一人で長靴に履き替え車から出て、数えきれない星たちや、湖面に映る朝日に心を無にした。たまに車に取り残された高士を見に行くも、やはり同じポーズで斜め上を見ている。

もうあの姿勢で何分経った？　なんか怖いし話かけるのは差し控えさせてもらった。写真だけ撮るために、車から奴を四の五の言わせず引きずり下ろした。あんな限界でも先輩に送る写真だととびっきりの笑顔。プロだ。なんとか高士に元気になってもらいたい。
「さっき、塩湖の上で大便したら塩水だからめっちゃ浮いてきた！　それも俺が一歩一歩移動すると水の力でずっとついてくんだよ！
振り返る度にいんの！」と低俗なウユニ塩湖あるある鉄板ネタをお見舞いしたが、「そういうことか〜」と地獄みたいなお便りが返ってきた。彼のウユニは儚く終わった。その後なんとか万全の体調へと回復して楽しいアンデス生活を始められたが、後日聞くとウユニでの記憶はあまり覚えていないらしい。でも俺はちゃんと覚えているし、目に焼き付けた。あの辛い状況下でも絶景を見に行こうとしたお前は、あの時たしかに旅人だったよ。

ボリビア（ウユニ）
↓
ペルーの都市
マチュピチュ
23時間30分
（1498km）

目に見えない力を感じさせられる。そんなペルーは、サイケでいかした思い出の国

心星

南米の中で、圧倒的に他の国の人たちの好奇心や冒険心を刺激するのが、ここペルーだ。マチュピチュ遺跡、ナスカの地上絵、アマゾンのジャングル。世界の国数は、国連加盟国だけでも193ヵ国。そんな膨大な数の国がある中で、この三つが同じ国にあるなんて、ペルー、ズルいよ。余談だが、缶蹴りで鬼以外のみんなが公園からほど近い友達の家で缶蹴りそっちのけでテレビゲームしてるという事実を知った時の鬼（俺）の「ズルいよ」ほど悲しいものはなかった（実話）。

ある夜、次の町へと向かうバスの中。この未舗装の道路は、ペルーがあまりにも自然と調和し過ぎているから、普段は酔わない俺がひどく乗り物酔いするほどガタガタなのかと思うと、むかついた。我らがNEXCO東日本の誇る技術を、インカ帝国の先人達に叩き込んでやろうか。マチュピチュはみなさんもご存じかと思うが、山の上にある。有名な観光地ということもあり、遺跡まで列車の運賃といったらペルーの物価からは考えられないくらい高い。そこで我々みたいな貧乏な旅人は、「ス

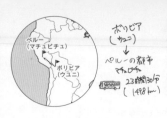

タンド・バイ・ミー・ロード」というルートを使うことでお金を節約する。名前の通り映画『スタンド・バイ・ミー』のように、ジャングルの中の線路の上を3時間くらい歩くルートだ。今回は頻繁に連絡し合って落ち合うほど仲が良い、ゆかりちゃんと3人で向かう。スタンド・バイ・ミー・ロードの入り口までバンに揺られてやってきたが、次第に雨が。翌日、4月25日は自分の両親よりも大切な相方、高士の誕生日である。なんとか誕生日をマチュピチュに合わせなければと頑張ったスケジューリングが、雨のせいで水の泡となるのだけは避けたい。雲行きは怪しいがとりあえずマチュピチュへと向かうしかないので、互いを鼓舞しながら歩き始める。1時間半くらい経つと、川の向こうの崖の上にマチュピチュの遺跡の一部が見えた。「えっ、あんなそり立った崖の上に町作ったのか」住んでた住人も最初に見つけた探検家も凄すぎる。雨の中、高士に「マチュピチュ関連で何かできる?」と問いかけると「できるけどね!」と汗ダラダラの顔で言ってきた。こ

いつとは意思疎通ができない。俺の高士へのふりもレベルが低すぎるし、こいつも質問が理解できていない。ゆかりちゃんは我関せず。まあ、こう言っちゃあれだが楽しくはない。それでもジャングルを歩き切り麓の村に着き、宿のベッドに体を放り込んだ。どんどん雨足は強まり、翌日行っても遺跡がちゃんと見れる気がしなかったが、寝て起きたら晴れていることを祈ろう。その日は疲れもありいつもより早くから爆睡。

翌朝、まだ誰も起きていない時間、昨日の行程で患った筋肉痛を回避しながらゆっくり体を起こし、窓の方へと向かう。風で少し膨らんだカーテンにゆっくり手をかける。外に目を向けると、空一面を分厚い雲が覆っていた。あー終わったな、これ。雨は降ってないけど、ここから登っていったら遺跡はスッポリ雲の中だろう。2人を起こして、悲しい事実をお伝えするが、ここまで来て行かないわけにはいかないので、「高士誕生日だし、奇跡起きるかもよ〜」と奮起させ、遺跡まで行くバスに乗り込んだ。この後、遺跡に着くと目の前で奇跡が起きて、全員唖然としてしまうわけだが。

あろうことか分厚い雲は、遺跡一帯だけを避けてくれていた。標高的にも雲の中のはずなのにここだけが晴れている。なんだか、雲がマチュピチュを守り、何かからこの場所を隠すかのように遺跡を囲っているようにも見える。この目の前の景色を神秘と言わずしてなんというのだろうか。雲が音を吸収するのか静然としている。あんな神秘的な場所を俺は他に知らない。沈黙が流れる。他の2人にもなにか心に来るものがあるんだろう。

マチュピチュは一部でしかなく、ペルーでは他にも色々な体験をした。この国にはインカ帝国やアマゾンに古くから伝わるシャーマンなど、何か目に見えないものを信仰する文化が口伝され残っている。でもそれは迷信やオカルトなんて言葉で片づけて欲しくない代物なんだと気づかせてくれた興味深い国。大槻教授、ごめん。

26/74

エクアドル

通過しただけって感じで惜しい。ほんとは赤道公園やガラパゴス諸島に滞在してみたかった。限られた資金での旅で落としてしまったエクアドルというアイテム。コロンビアまで続くこのやるせない気持ちを、小腹を満たすために買ったよくわからないスナック菓子と一緒に飲み込む。そう、無理矢理。

もう二度と行く事はできない。流れ流れて辿り着いた、伝説の島での滞在記

心星

世界最南端の町、アルゼンチンはウシュアイア。あんなところからメキシコのカンクンまで「飛行機を使わず、地続きに行く！」なんて事前にちゃんと調べるわけでもなく、展望のないことを言ってしまったからこうなったんだ。本当にありがとう。

北米大陸から南米大陸まで地図で見ると陸地は確かに続いている。ただ、1ヵ所だけ陸地は続いているが道が無くなる場所がある。それがコロンビア～パナマ間だ。理由はここ周辺の森が深すぎるのと、ファンタスティックな山賊がここら一帯を縄張りにしているらしく治安が最悪だかららしい。しかし、そんな中ネットで色々なページを探していると、「カリブ海の島を経由して越境に成功」と言う記事を見つけた。情報はかなり少ないがこのルートで越境に成功した人が確かにいるらしい。高士と話し合い「行けばどうにかなる」ということで、我々もそのルートでの国境越えに挑むことにした。そしてそれから数日後。気づいたら我々は電気もガスも無い島に漂流していた。

事前にかき集めた情報通りに、無事にコロンビアの出国審査を受けて海の国境を4人乗りのボートで越えるという、聞いたこともない貴重な国境越えを無事に終え、パナマへと入国した。我々はパナマ最初の村、ラ・ミエルから予定通りトゥピレというところまで移動しようとし、自分たちでザックを背負って村を歩きまわりながら船乗りを探すことに。すると綺麗な浜辺のヤシの木の下で寝そべって休憩している無精ひげでTシャツがビリビリに破けた船乗りのおっちゃんを発見した。トゥピレへ行きたいと伝えると「そんな船はない」と言われた。出たよ、情報と全然違うやつ、まあ覚悟はしてたけど。「絶対ある！」とこっちもそう簡単に引かない。そして、どんどん水掛け論に。するとおっちゃんが「俺の家がある島に来るか？」と言ってきた。方角も目的地の方らしい。ここはカリブ海。高士が俺の耳元で「こいつ海賊じゃん」と言ってきた。ここらへんは山賊とかもいるらしいし、こいつもファンタスティックな海賊の一人か。少し考えたが、「行けばどうにかなる」という自分たちのスローガンに今回は則《のっと》ってみることに。海賊のおっちゃんに「連れてって！」と言って勢いよくボートに乗り込んだ。また定員6人くらいの小さなボート。ここからどれくらいの時間かかるかわかない謎の島に行くなんて。今からやろうとしてること「ワンピース」じゃん。さっきまで雲一つなかった空に雨雲がどこからか急に立ち込め、雨がどしゃ降りに降ってきた。雨は一向に収まる気配もなく海も荒れはじめ、高波にぶつかる度に強い衝撃が我々を襲う。もしこのボートがなんかのトラブルで転覆なんてしたら、ほんとに誰にも見つけてもらえずに遭難するだろうな。不安がよぎらずにはいられない壮絶な雰囲気になってきた。

出発して3時間くらいか。ボートの甲板に夕暮れ時の太陽から一条の光が差し込む。すっかり雨雲も去り、海は平穏を取り戻していた。するとボートは家がちらほら点在する島の船着き場に慣れた角度でゆっくり侵入し始めた。俺が「ここ?」おっちゃんにそう尋ねると「そうだ」とクールな返事が返ってきた。そしておっちゃんはここに家があるはずなのに俺らを降ろすと、また一稼ぎするのか、海の向こうへとボートで消えて行く。他に手立てもないので、結局おっちゃんが紹介してくれた家に泊まることに。部屋に荷物を置いて落ち着いたので、高士と島を少し散策。そしてここから謎の島、カレドニア島の全容が徐々にわかるに連れて俺らは思わず唸らずにはいられなかった。一言でいえば、「こんな文明から遠い場所見たことがない」。住人は200人前後。島も一周10分くらいで歩いてまわれてしまいそうなくらいの大き

さ。まさに「ウルルン滞在記」の島って感じ。たまに俺らとすれ違う住人が俺らを見ては開いた口が塞がらないといった感じの顔をしてくる。あとでわかったことだが外国人が個人でここまで来るのはかなり珍しいことらしい。ほとんどの家は全部藁で出来た平屋ばかりで、俺らが豚を大好物とする悪い狼じゃなくて良かったな。そしてここの島はパナマなのに母国語のスペイン語が通じない。独自の言語があるのか方言が強すぎるのか、とにかく全くダメ。トイレのジェスチャーをすると連れていかれたのは、トイレではなく、人のいない浜辺。俺のトイレに対するスケールが大きく変わった瞬間だった。俺の大便もカリブ海で漂えて気持ち良さそうな顔をしている。その後、次の日の船もなんとか無事に見つかり（ここ4時間くらいかかりました）、その安堵からかお腹が減ってきた。寝床の家へと帰ると、ちょうどこれから晩飯らしく、家の前のバケツに大量のカラフルな熱帯の魚たちが詰め込まれていた。「どうやって捕まえたの？」と、聞いてみると「全部手

掴み」と言われた。なんとウルルン感が増す一言なんだろう。そしてそれをご近所みんなで魚に枝を刺し焼いて円になるように地べたに座って食う。見た目はあんま美味しそうじゃない魚なのに不思議と美味しかった。旅をしてきて食べ物の美味しさには場所もかなり影響してくるってことは経験してきたが、カレドニア島もまた格別な場所なんだとご飯は教えてくれた。

ご飯を食べたら子供たちと遊んだり、大人が真剣にボードゲームで遊んでるのを見せてもらったり。この島の住人はホント全員が家族のように繋がっている。一通り終えて、みんなとバイバイして寝床に帰宅。電気もないので家の海に面したバルコニーで水面に反射する月明かりだけを頼りに高士と一服する。「世界中の色んな場所に行ってきたけど、ここは東京の俺らの生活から一番遠いところかもしれない」そういうと「間違いない」と返ってきた。だよな。カレドニア島、素敵すぎる時間をありがとう。

次の日、無事に乗れた船でカレドニア島を後にした。それから3日後、首都パナマシティに無事到着。まずはレストランで1週間ぶりにWi-Fiを繋ぐ。いつもならまず最初に友達からの連絡などを確認するのだが、この時だけは「カレドニア島」

を何よりも先にネットで検索した。自分たちがあの時どんなところにいたのか、気になってしょうがなかった。すると驚くことにカレドニア島なんて島の情報はどこにもないのだ。写真もないし、地図アプリで探してもない。調べる前からそんな気はしていだけど。謎の島、カレドニア島。「もう一度行って来い！」と言われたら「行く！」とすぐ返事をする。もしこの本を読んでいる人たちが、ヤシの木の下でTシャツビリビリのおっちゃんに「俺の家がある島に来るか？」と言われるようなことがあれば、どうか怖じけずにボートに乗り込んで欲しい。必ず、一生あなたの頭から離れない、そんな島がその先にあるから。

29/74

コスタリカ

炒飯激ウマ。世界で一番うまい炒飯がある国がコスタリカです。実際、中国も旅して四川などの本場の中華も食べてきたが、コスタリカの圧勝。中米という治安の落ち着かないエリアで正直ずっと気を張っていました。そんな折、喰らったあの炒飯は感動したな。何を飯くらいで！　と読者の御仁はお思いかもしれませんが、海外で不安なときに食べる食事ほど大事なものないんです。

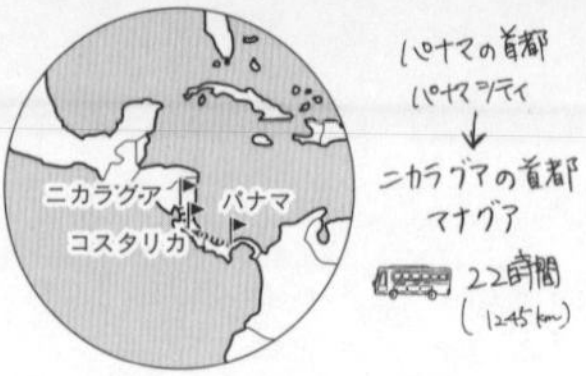

NICARAGUA 30/74
ニカラグア

旅中一番死ぬかと思ったのはこのバスの中。なんで俺らは生きているんだろう
心星

ニカラグアに対して偉そうにするわけじゃないが、わざわざ取り立てて観光地もない国に6ページも費やして文章を書くのは、「ある事に」巻き込まれたからに他ならない。ホントに怖かったな、あれは。

まず、メキシコを除く中米の国々に訪れる旅人はそういない。有名な観光地が無いのもさることながら治安が悪すぎるからだ。旅をしていると、「どんなルートでここまで旅してきたの？」なんて聞かれることはよくあるが、「南米から北上して中米を通って……」なんて話すと絶対と言っていいほど、「えっ、中米通ってきたの？」と話が一度立ち往生する。それだけここら一帯の治安が悪いのだ。ネットサイトでも、ホンジュラス、エルサルバドル、グアテマラ、ニカラグアは東京の殺人発生率の○倍です！ なんて書かれている。では、こんなに「治安が悪い」や「殺人」なんておぞましい言葉を並べ、自らフラグをビンビンに立てておいて、俺と高士はどんな事に巻き込まれたのか。順を追って整理していきたい（やばい、二人揃って死なないと話が落ちないかも)。

あれは2018年5月23日。コスタリカからニカラグアまでの長距離バスの中。首都マナグアにもう到着するかという昼下がり時だった。車内は乗客もまばらだった為、俺と高士は少しでもチャンスがあれば原子や分子のレベルでお互い体の距離を離したいと思っているので、通路を挟んで別々に座っていた。出発が早朝だったこともあり、国境での出入国検査の時以外は不足した睡眠を補う為、クーラーの冷気から身を守るようにジャケットに包まり爆睡する。太陽が一日で一番高いところに昇る時間。聴いていたお気に入りの音楽のアルバムが一周して最初の曲に戻っていた。「随分寝たな」俺は窓の向こうから燦々《さんさん》と降り注ぐ太陽の光に、眩しさというより暑さで起きてしまった。こんなにクーラーが効いているのに起きてしまう暑さなんて。中米の太陽の燦々《さんさん》具合といったら絵本に出てくる太陽のように元気だ。目を細め、窓の景色に視線をやると、バスは高速道路のようなところを走っていた。日本ように遮音壁が無いので、遠くにある山や大きな湖がよく見える。スマホの地図を開いて自分の現在地を基準に「あの湖はなんて名前だろう?」と検索しながらゆっくりしていた。なんて穏やかな時間。ふと反対側の席に視線を向ける。すると案の定あいつも起きていて、イヤホンをつけながら外の景色を見ていた。絶対あいつと目的地まで接触せず1人の空間を守るぞ！　バスの中の俺らなんていつもこんな感じ。ほとんど話さないし目も合わせない。バスの中だけは音楽と景色のおかげで1人になれる。そんなことを思っていると、ふとバスがゆっくりと高速道路の追い越し車線で止まった。「ん？」ここで初めて無言ではあるが高士と目が合った。俺は窓側から通路側の席に上半身だけ動かし、運転席側、フロントガラスの向こうを覗き込む。すると目に飛び込んできたのは、とんでもない炎を纏《まと》って道路をふさぐように倒れている大木と目出し帽を被った集団だった。それもよく目を凝らして見てみると、手にはみんなマシンガンのようなのを持っている（お待たせしました！）。俺はすぐに隠れるように窓側の席に体を戻し、自分たちの置かれた状況を急いで理解しようとする。徐々に呼吸を落ち着かせて、高士に目配せをし小声で言う。「結構、ヤバいかもしんないわ」俺の顔と声色があまりにもいつもと違う感じだったからか、緊迫感は十分伝わった様子だった。その集団は、バスを囲うように広がっていく。人数は15人くらい。いよいよ高士の視界にも入ってきたようで、顔から一気に血の気が引いていく姿が目に映った。現地の人たちも完全にパニック。外国人は俺らだけみたい。窓のすぐ外

にいる目出し帽の一人が俺の顔を指でさす。「最悪だ……」。それに反応した他の仲間も俺の目の前に来る。「あっ」思わず座席の下に隠れた。私事だが、昔からこういうパニックの時に変に冷静でませている所がある。気づいた時には、俺はスマホのメモに両親宛の遺書を書いていた。流石に読み返すと照れ臭かったので消してしまったが、確かにあの時書いたんだ。バングラデシュにいた時もバスが襲撃されたことはあったが、あの時はバスが走り続けてくれたおかげで、よくわからないうちに窮地を脱していたが、今回は違う。バスは完全停止しているし、銃を持ったやつらに目の前で囲まれてしまっている。「どうしよう」心の中で呟いた。目の前の全てが消えてなくなって欲しいと祈りながら何度も何度も呟いた。高士も汗を流しながら下を向いて自分の足元を見ているだけ。その汗は暑いからじゃない、あぶら汗だ。俺たちは無力。もし仮に目の前の集団がバスに入ってきて俺たちの前に立ち、俺に銃を向けてきても、いつも偉そうなことばかり高士に言って

ない。

いる俺が、追い詰められて言い放つ言葉はきっと「助けてください」だろう。情け

するとと、指揮を執っているリーダー格の男がバスの運転手と窓越しに何か話し始

めた。心臓の鼓動がありえないくらい速くなる。話が終わった後にはなにかしら新

たなことが乗客全員に降りかかるだろう。そう悟るや否や、俺は「ちゃんと書けて

るかな」と遺書を見返していた。体と反比例して頭は気味が悪いほど冷たい。

そうこうしていると、バスはゆっくりと動き出した。高士は一点を見つめて動か

ない。目の前の炎を纏《まと》った大木が、大きなロープにするすると引っ張られ、バス1

台分だけ通れるスペースが空く。その僅かな隙間を抜け、バスが前方へと進む。

目的地には1時間ほどで到着した。その間、高士と俺の間に会話は無い。ザック

をバスの下部の荷室から取り出し宿へ移動。やっと自分たちの部屋に荷物を置いた

瞬間、張りつめていた緊張の糸が切れた。「なんだったの今の」高士に聞いた。「わ

からないよ」高士から当然の感想が返ってきた。すぐにWi-Fiに繋いでネットで

調べてみる。答えは簡単に見つかった。「社会保障制度見直し」これが原因らしい。

国が独自に決めた新しい法律が国民の大反感を買い、各地でクーデター、テロが起

きていると。ニカラグアの国民たちの取った行為は、外国人の殺人だった。力のないニカラグアで欧米人や東洋人のような力のある国の民が死んだらどうなるか。間違いなく国際問題へと発展する。ニカラグアで日本人が亡くなろうものならニカラグア政府は日本政府から目の敵にされる。それを国民たちは狙っているのだ。とても恐ろしい事実だが納得した。そしてそのネットの記事を関連付けして調べていくと、信じられないニュースを見つけた。「ニカラグアで欧米人ジャーナリストら複数人死亡」このクーデターに巻き込まれて実際に犠牲者が出たというのだ。

息を呑んだ。高士にもその事実を告げると「俺ら、も、もしかしたら、ってことだったの？」旅中、あんなに背筋が凍るような瞬間は後にも先にもない。

中米の国々は観光や治安面を含めると、なかなかオススメできる場所ではないが、実際中米のローカルさやカリブ海の綺麗さに心奪われた日本人の旅人だっている。大きな声で言いたいが、今回たまたま俺らは怖いことに巻き込まれてしまったから、嫌なイメージが払拭できないままでいるが、中米自体を否定しているわけではない。ただ、もし中米に行かれる場合は、事前にちゃんと調べたうえで訪れて欲しい。

31/74

ホンジュラス

例の陸路の旅にこだわった結果、通らないといけなくなった国。ネットでは「世界一治安の悪い国」なんて書かれているが、実際にはわからない。何故ならその情報にビビリ過ぎて街を歩けなかったからだ。

32/74

エルサルバドル

治安が悪いと有名にも関わらず、首都、サンサルバドルにバスが着いたのは夜の23時で、高士と一瞬泣きかけたが、なんとか耐えた。あたりには街灯はなく「都市整備」という四文字熟語を知っている国民はいないと思う。

33/74

グアテマラ

次のバスまでの4時間、途方に暮れる。長距離バスの事務所から「チャラ〜、ヘッチャラ〜」と耳馴染みのある曲が流れてくるので「ドラゴンボール！」と叫びながら入って行くと、案の定歓迎された。鳥山先生、愛してます。

34/74

ベリーズ

久々にカリブ海を拝めた。憎たらしいくらいにエメラルドグリーン色の海は、一応日本の海と繋がっている。海にポッカリと空いた大穴、ブルーホール。少し前まで絶滅危惧種だった幻獣マナティの生息地、キーカーカー島。立ち寄りたいが我慢。こちとら幻獣は、「早く絶滅して欲しい林高士」が横にいるだけで充分すぎるのである。

35/74

メキシコ

こんにちは！　高士です。お菓子のドリトスって知ってる？　メキシコはタコスとテキーラも有名だけど、やっぱりドリトスには敵わないね。セノーテっていう泉には、カナヅチの人は入らないほうがいいよ！　あれは淡水だから十分な浮力を得られず沈んでいくんだ。あっ、ボン、キュッ、ボン！　のラテン系お姉ちゃん発見しました。バイバーイ。

古都と呼ばれる町で会った君のこと。初めての夜。一生忘れないよ 高士

18歳未満の方は本をそっと閉じて下さい。これからするお話は非常に卑猥な体験談です。女性経験が無い僕は、この世界一周中にどこかの国の女性で卒業すると決めて旅に出た。国境を越える度に常にチャンスを狙って、アンテナを張っていた。タイ、フィリピン……違う。こんなに日本人が沢山旅行する国で卒業したって、胸を張ってみんなの前では言えない。22歳という若さ故の性欲と葛藤し我慢の連続だったが、そんな中、ある朗報を手に入れた。それはこの一つ前の国、メキシコの日本人宿に泊まっていた時のこと。メキシコに長いこと滞在している男性が僕にアドバイスしてくれた。「キューバの山奥に洞窟のディスコがある、そこで女の子を捕まえられればそのまま洞窟で……」と。これを教えてくれた男性は背が高くスキンヘッドで細いサングラスをしていたのだが、僕にはその助言をくれた瞬間、御釈迦様に見えた。僕は頭の中を整理する。初体験がキューバの山奥の洞窟、これだ。ついにこの時がきた。相方もこの計画には激しく同意していた。この洞窟のディスコについて詳し

くリサーチし始める。場所はキューバのトリニダードという街。ネットの情報によれば、ある男性がその洞窟のディスコで女の子をゲットし、女の子に手招きされた先には暗闇の空間が洞窟内に別であるらしい。その空間の入り口に係の者がいてお金を払い特別に通してもらえる。そしてその空間内は真っ暗なので外からはバレず、中にいる人は外の様子がわかるという。まさに天然のマジックミラー。そんな状況で女の子と交わった伝説が書かれていた。なんて魅力的なんだ。トリニダードは僕らが着陸するハバナから長距離バスに乗らないと行く事ができない。我々の世界一周も中盤に差し掛かっており、お財布事情にも余裕が無いことから、相方はハバナに残り、僕だけトリニダードに行く事になった。僕らがメキシコの日本人宿を出る時、釈迦が僕にバイアグラをくれた。また別の旅人からアメリカサイズの避妊具も授かった。僕はみんなの期待を背負いフル装備でキューバに来ていたのだ。

トリニダードへ向かうバスは、満席に近くならないと発車しなかった。これでは時間の無駄だと思い、時間をお金で買ったつもりで少し値段の高い乗り合いタクシーで向かう。運転手のさじ加減で休憩を挟みつつも4時間くらいでトリニダードに着いた。石畳みの地面にカラフルな古民家が建ち並ぶ。高い建物は教会ぐらいだろうか、空がハッキリと見えた。街並みは程よく静かで、馬車が行き交っていた。こんないい雰囲気の街に洞窟のディスコがあるとは思えない。宿に着き、仲良くなった宿泊者と夕飯を食べてお酒を飲んでいると時間があっという間に過ぎて行く。ディスコの始まる時間がきた。自分の部屋に戻り、必要な現金とタバコだけ持つ。ケータイやクレジットカード類は何があるか分からないので置いてゆく。

釈迦からもらった元気になる薬を飲んで出発。宿から歩くこと20分程で、森に囲まれた一本道に到着。途中、露店Ｂａｒみたいなのがあり、それを通り過ぎた所に洞窟はあった。入り口の前には警察の格好をした男性が2人立っている。1ドリンク付きの入場料を払い中に入って行く。階段を降りて行くと洞窟内は明るかった。歩みを進めると音楽が聴こえダンスフロアが見えてきた。液晶の大画面が天井付近に二つ、ガラス張りのＤＪブースも客の手の届かない上の方にあった。なんとも首の疲れそうなディスコだ。ダンスフロアは1つしかなく、テーブルとイスがポツポツと置いてある。とりあえずカウンターに行き、ビールを頼んだ。まだ時間が早かったのか、あまり客がいなかった。席につき、様子を伺う。というよりはビビっていたんだ。次第にある程度客は増えたものの、グループで来ている人が多く中々輪に入れ

なかった。お金がないので1杯のビールをちびちび飲みながら、それに比例しない量のタバコを緊張からか何本も吸っていた。両手と腰を左右小刻みに振るダンスをしてはテーブル席に戻り休憩。ディスコ終了の時間も迫っていて、体力もなくなり、小刻みダンスは初期微動ダンスになっていた。そんな時僕の腰に思いっきり腰を振ってくる女の子がやって来たのだ。身長180cmぐらいでスラッとして、ピッチピチの服にラッパパンツで厚底ブーツを履いたアフロの黒人だった。おそらくキューバ人か。彼女の激しい腰つきに合わせるように僕も震度8ぐらいの腰振り。周りにいた現地人も僕らの激しいダンスにエールをくれていた。僕と彼女は濃厚なディープキスを繰り返した。そして覚悟を決めた。キューバはスペイン語圏。スペイン語で男女の性交渉を「セクソ」という。僕は彼女の耳元で「セクソ」を連呼した。さっきまで激しかった彼女のダンスは止まり、彼女は僕の手を引っ張った。ここまではシナリオ通り。しかし彼女は僕を出口に誘う。出口を出る

直前で手を離し、彼女は僕に彼女の数メートル後ろを歩いてついてくるよう指示してきた。出口に立ってるセキュリティーに何か言われることを避ける為だろうか。ティンカーベルとピータパンのように僕は彼女の後をついていった。行きにも見た露店Ｂａｒを通り過ぎて辿り着いたのは、月明かりしかない真っ暗な茂み。そこにポツンと木造で屋根に柱を4本つけただけの建物があった。彼女はその柱の一本に両手で掴まり僕に背を向けて立っていた。僕は前々から考えていた作戦を決行する。それは今まで僕をばかにしてきた人達に一矢報いるため。一発目にはお尻の方の洞窟を掘ろうとする作戦だ。外人でお尻の洞窟を掘れば新たな伝説を残せる。僕は彼女のラッパパンツをスルスルと下ろした。僕は自分の柱にアメリカサイズの避妊具を被せ、彼女の腰を持ち、彼女のお尻の洞窟を探った。そしてゆっくりと掘り進める。「これがあれか」。快楽は感じられないくらい何もかもが初めてだった。僕は緊張からくる手汗で彼女の腰を持っていた手が前方にずれた。すると何かが僕の手に当たった。硬くて、なぜか触った事がある気がする何かだ。そう、彼女にも立派な柱がついていたのだった。その瞬間点と点が繋がった。彼と濃厚な絡みをした時に、彼の口の周りが少しジョリついていたし、激しいダンス中にエールを送っていた周りの奴らは冷やかしだったのか。驚きと伏線回収作業により、僕の柱は衰えていった。彼は勘違いして、僕が果てたと思ったのか、僕の下半身の目の前に膝をつき、お掃除を始めた。す、すごい吸引力だ。体ごと持っていかれそう。そして僕の尻をパンパン！と叩いて合図する。気づくと今度は僕が柱に掴まり掘られていた。僕はスペイン語でセクソしか分からず、日本語でずっと「痛い！ 痛い！」と叫んでいたところ、彼はまた勘違いして、僕が喜んで喘いでいると思い、掘る速さが増していく。「パンパンパン！」それに耐える事10分、やっと釈放された。事を終えた彼は仁王立ちで何やら物欲しそうに待っている。なるほど。僕にお掃除を求めているのだ。すごい長さと太さだ、こんなの見た事ない。やり方の分からない僕は歯磨きをする感覚で右へ左へ彼のブツを掃除する。口の中で窮屈になった先っぽはのたうち回る。初めてお掃除をするので困惑して、とりあえず歯が当たらないように頑張ったつもり。彼もスッキリした顔をしていた。その場で彼とは別れ、僕は宿に戻るなり何回も口をゆすぐ。今日の事を早く忘れたいと思い、ベッドに潜り込んだ。その翌日は彼とのことを思い出し嘔吐し、僕の洞窟は彼によって開発され、しばらく下痢が続いた。芸人目指していなっかたら終わりだったな。

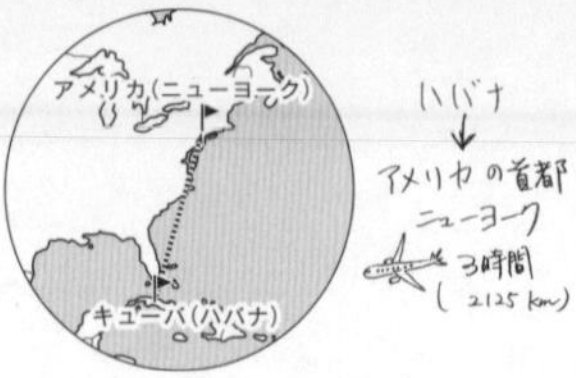

U.S.A.
アメリカ合衆国
37/74

幼い頃から「アメリカ」という言葉に憧れを抱いてきたので
この国での記憶は全て、映画のワンシーンのようだ
心星

ニューヨーク市営地下鉄の出口の階段を上がって地上に出ると、目の前には19世紀に建てられた赤茶色の建物が雰囲気を漂わせる「ブルックリン」の街並みが広がっていた。高士の口からは「すげー」という感情が漏れるし、流れる。

今から2年前の当時19歳の時。単身アメリカを勇猛果敢に（現実逃避）横断した時、ニューヨークには一度訪れていた。それも「ブルックリンはNYの下北沢」だなんてご機嫌なキャッチコピーを本で読んでしまっていたから、サブカル担当の俺としては訪れないわけにはいかなかったのだ。よってここブルックリンは、個人的に2回目。新米の高士の前では玄人でいないといけない使命があった。なめられちゃいけない。いや旅一緒にして1年ほど経つのに、なめられちゃいけない、ってなんなんでしょうか。でも、その使命を心の中でしっかりと準備したつもりだったのに、2回目のはずのブルックリンの街並みを見て俺は「ここ映画の舞台やつ！」と、観光ブックを音読したようなことを言ってしまった。やばい。ハイセンスなニューヨーカーに腹爆発す

るくらい笑われているんじゃなかろうか。心配になりあたりを見渡すと、隣で千葉育ちの高士がニヤニヤと笑っていたので、手が出そうになりました。

アメリカが凄いなと思った2年前。あの時の感情は間違えていなかった。世界一周ですでに37ヵ国目なのに、他の国と比較してもアメリカは異次元になんかこう「立派」なのだ。自論だが、やっぱりアメリカの街並みを見た瞬間、心に響く感動には「映画」の影響があると思う。日本人がガキの時から見ている洋画の舞台のほとんどがアメリカ、もっと言えばニューヨークが多い。洋画好きの両親の横で金曜ロードーショーを見ながら海外を徐々に知っていった幼少期。自分がそんなテレビやスクリーンの向こうの世界にいるんだ！　と頭で理解しようとする前に心が反応するからなんじゃなかろうか。

今回の世界一周では、アメリカはニューヨークだけ。時間的にも予算的にもてんてこ舞いだからだ。アメリカってやつはホント宿泊費が高くて我々の行った時期なんて、ホテルも民泊的なやつも1泊だいたい5千円で、アイスランド行きの飛行機が出るまでの4泊をちゃんと泊まってしまうと、2人で4万円も吹き飛んでしまうのだ（高士が身代わりにハドソン川にでも吹き飛んでしまえばいいのだけれど）。ということで、我々の取った作戦は4泊連続空港泊。場所が場所だけに、さながらトム・ハンクス主演の映画『ターミナル』みたいな感じになってしまったが、これはこれでいい経験になった、でもそれはあの警備員との出会いのおかげか。

基本、どこの空港でも完全に横になって寝てはダメというルールがありやがる。でもそんなものは度外視して人の邪魔にならないところでいつものように寝ようと横になり目を閉じると、「ウィーン、ウィーン」と近づいてくる機械音が耳に入り込んでくる。「なんだろう?」と体を起こして音のする方に視線を向けると、その正体は空港でしか見たことがない、人が上に乗るスタイルの清掃機だった。いかつい形の「ガンダム」みたいなあれ、日本の空港でも見たことがある。警備員らしき人を乗せたガンダムは、空港の長いコンコースの向こうから空港の風紀を少しでも乱す奴がいたら、ゴミと一緒に吸い込んでやる、といった勢いでウィーンウィーンと重低音を発しながら近づいてくる。「見つからなければ大丈夫」、幸い視界から隠れるところで寝床を確保していた為、息を殺す。臨場感はさながらゾンビ映画だ。お願いだから黙って通り過ぎてくれ。見つかったら我々は追い出される。こういう時にだって高士はグーグー寝ているから、なんかこう肝が据わっていて羨ましい。すると急にそのガンダムの音がピタリと近くで止まったのだ。やばい！ 見つかった！ もう俺は怖すぎて体育座りになり、頭を下にして膝を抱えることしかできなかった。すると肩をポンと誰かに触られる。その手の感触は明らかに高士とは違うものだった。終わった。顔をあげるとそこには、ガンダムのコックピットから降りてきただろうアメリカの警備員です！顔のスキンヘッドの傭兵みたいな大男が立っていて、ググッと俺に顔を近づけてきて「Don't sleep here」と言ってきた。その顔面の近さといったら格闘技の試合の前の記者会見で相手選手をお互い煽り合う時の喧嘩寸前みたいな近さだ。鼻と鼻当たってたんじゃないか、あれ。あまりの威圧感に日本語で「はい」としか言えず、その場を立ち去る為に高士を起こした。寝ぼけている高士は状況がうまく把握できておらず、苦し紛れにその警備員に（以下、傭兵）「ハロー、ハワユー」と言っていたが、傭兵は完全に無視。さすがアメリカ。大都市に通じる空港の警備は万全と言ったところか。その日は結局、高士と体をバキバキにしながらベンチに座ってふて寝する。そこから4日間。市内の観光から帰ってきたヘトヘトの体で空港を歩き回り探し色々な所で寝てみるが、最初と全く同じ傭兵に見つかり怒られてベンチで寝る、というのを何度も繰り返した。ほんとどこにでも来るんだ、あいつ。そして最終日。いつものように起こされるまで寝ようと高士と話して横になっていると、いつもの聞き慣れた機械音がどこからともなく聞こえてくる。俺らはたまらず怒られる前に起きて、ベンチ行きを覚悟でザックを背負おうと立ち上がるといつもの傭兵が普段とは違う口調で「どこの国から来たんだ?」と話しかけてきた。俺らはいつもとは違うパターンに少しの間、呆気に取られる。「日本」そう言い返すと、「年齢は?」また質問が返ってきた。俺が「21歳だよ」と言うと、傭兵は「ふーん」と。そこから矢継ぎ早に「お金がないのか?」「旅をしてるのか?」「いつまでアメリカにいる?」「次はどこに行く?」たくさん質問が飛んできた。その質問にすべて答えていると、また傭兵は「そっか」と、なにか考えている様子だった。高士と小声で話し合う。もしかしてこいつ、俺らに「興味湧いてんじゃね?」。確かにこれだけ毎日空港で同じ時間に会っていたら気になるか。すると、人を寄せ付けない雰囲気のあの傭兵が沈黙を破るかのように「ガンバレよ」と言ってきた。これには拍子抜けした。興味を示してきた上に労いの一言だなんて口説き落としたようなもんだ。ここが空港ではなくキャバクラだったら「勝ち」というやつだ。傭兵は乗り慣れたガンダムでまた基地へと帰っていくのか。ウィーンという音と共に傭兵の背中が遠くなっていく。なぜか急に接近した我々の距離感。遠くに見える傭兵の背中姿が愛おしくてたまらなかった。あいつに起こされる度に高士と散々悪口を言い合っていたが今ではなんか申し訳ない。俺らがルールを破ってるのに、毎回起きがけにふてくされてごめん。俺たちもっと違う形で違うタイミングで出会えたら仲良くできたのかな。明日はついにアイスランドへの飛行機の日。明日の夜のこの時間にはもうこの空港にはいない。自由の女神やブルックリン、タイムズスクエアなどの観光なんかに引けを取らない空港での4日もの長い夜。オーストラリアを出てから約4ヵ月にも及ぶアメリカ大陸での喧騒。次なる舞台へ、大西洋を渡るアイスランド行きの飛行機の中で、俺と高士の間では思い出に浸る静かな時間が流れていた。

高士日記

[ボリビア]

につけて食べていたが中断してチパを持ったまま逃げた。
バスの故障であった。爆破するおそれがあったからか乗客は
全員降りた。チパをまなさんにおすそわけした。チパの硬さ
を甘くみていたまなさんは大きめにかぶりつく。まだチパをわかってない。
クッキーよりもはるかに硬いチパは小さく強く食べるのがコツだ。バスは
なんとかなおったようだが不安である。ボリビアのサンタクルスまで
50km程だ。1、2時間も走れば着くだろう。夜の20時をまわった
これでこのボロバスに24時間は乗っていることになる。サンタクルスに
近づいて、東南アジアのような露店や大衆食堂みたいなのが出て
きた。僕はやっぱりこういう町が好きだと思った。だからオーストラリア
は街がキレイだと思って旅という目線ではつまらなかった。これから行く
ヨーロッパも僕には向かない気がする。東南アジアのローカル感が
良い。ようやく南米っぽくなってきた気がする。サンタクルスのバスターミナ
ルへ着く。バスから降りる時に、支給されたご飯を未開封で残さ
れていたのでお金のない我々は持ち帰った。ゆうまな夫婦は21時半発
コチャバンバ行きがこれからあるのでバスチケットを購入していた。僕らが行く
次の目的地"スクレ"へのバスは今日はもう無かったので、サンタクルス
でラジオの事もあって2泊することになった。ゆうまな夫婦とはここでお別
れ。この夫婦とは旅のルートが一緒なのでまた再会できると思う。
今宵の宿はバスターミナルから近い"hostal la tía"にした。宿に
入ると座っていたお母さんが沖縄出身の人で"トイレ好き?"と日本
語で言うので驚いた。この宿を入った瞬間、銭湯の
においがした。薬草的な香りがした。荷物を置いて夕飯を
食べに行く。ローカルな食堂により20ボリ(300円)でピラフ、
フライドポテト、骨付きチキン(大)、ラーメンが1皿に乗ったものを食べ
た。バスで支給されたウエハースやパンを相方がくれたので

高士日記

［ボリビア］

☆サンドウィッチマン「今年の悪事」

・
・
・
・

12 APR 2018 (Thu)

ねむりにつくことはできず、隣のデカ乳とは何も起きず朝をむかえてしまった。少し小腹が空いたのでチパをつまむとチパの硬さにびっくりした。クッキーよりも硬いパンの部類。どうりで相方が半分だけ食べてそれ以降チパに触れないと思った。ガタガタだった道も落ち着き、パラグアイとボリビアの国境に着いた。荷物を全て出し外へ一列に荷物を並べ、訓練させられた犬がその周りをにおいを嗅ぎながら走りまわる。その後に1人ずつ荷物を全て見られるので、犬の検査の時間はなんだったのかと思った。ボリビア入国の時に僕に渡されて、ゆうまな夫婦、相方には渡されていない紙があった。相方が税関のスタッフに聞くと日本人はいらないらしい。僕は日本人と見られていない。昼過ぎにガソリンスタンドで休憩に入る。バスの乗客も減って行き、僕の隣にいたエロい女は席を移動してしまった。胸を見ていた事がバレたのかもしれない。楽しかった時間も終わった。通路をまたいだ隣の席には相方が移動してきた。もうこいつの顔には飽きた。ゆうさんには僕と話していると"話がはずまない"と言われた。どこかしらはずんで欲しい。昼食もしっかり出た。何にごはんの上にフライドチキンが乗かったもの。バスが途中で止まり乗客が急いで降りはじめた。僕はちょうどチパを[illegible]

高士日記

［メキシコ］

19 MAY 2018 Saturday ひまを持て余す

・酒井さんのストーリーに相方
・けいさんとお笑い雑談
・けいさんのリストに我を入れてもらった
・たかしさんはシャイ

〜今日のスペイン語〜

◎

☆

久しぶりに朝はゆっくり起きれた。そこから何もしてない。夕飯を食べに行こうと思ったら、相方とたかしさんの野球話が盛り上がり夕飯は遅延。野球には全くついていけないので、僕は部屋にもどりこれから行くニューヨークのことや、NBA観戦を調べていた。相方もたかしさんとの野球話も一段落したらしく中国城へ。宿に帰って、たかしさんがインスタグラムでひそかにやっている虫アカウントを教えてもらった。そして、一番最強の虫は一体なんだろうという事から始まり、最強の動物はなんだ？ゴリラにかなうやつはいるか？ヒョードルならゴリラに勝てるかもしれない。ヒョードル？無知な僕はヒョードルをYoutubeで検索して見た。完全ヒョードルだ。ゴリラのような体つき、寝技もスゴイ。ヒョードルvsシロナガスクジラ

alpha

高士日記

［ボリビア］

フライドポテトが好きな相方に僕のフライドポテトを半分あげた。
相方は呪文のように"おれはパンとかおかしをお前にあげている"
と僕に言ってくるので生活しづらい。

- デカ男と何も起きず朝をむかえる
- 無駄な犬
- ボリビア入国
- エロイ女席移動
- バス故障
- ボリビアの果肉ゴツ感好き
- サンタクルス到着
- ゆうまな夫婦とお別れコチャバンパへ行った
- ボリビアのローカル食堂
- 相方の呪文

「チパ」

〜今日のスペイン語〜

◎Mucho gusto. ムチョ・グスト：はじめまして

☆

13 APR 2018 (Fri)

今日は僕と相方でそれぞれ分担して仕事があった。僕はSIMカード購入，ノート購入，両替，朝食である。相方はATMに行きお金を降ろす。僕が先に出掛け相方は留守番をすることになった。SIMカードの手続きは結構めんどくさい。そのうえスペイン語。なので宿にいるボリビア人と一緒に

高士日記

［メキシコ］

の妄想対決をしてみたが、ヒョードルを飲み込んだ
シオナガスクジラが心臓をヒョードルの右ストレートで息の
根を止められヒョードルの勝ち。巨人の落合内角高めは
どうだろう。無知な僕はYoutubeで落合の内角高めの
動画を見てみた。ヒョードル負けた。落合の内角高め
の一撃をヒョードルの心臓にヒットさせれば亡き
者とできる。地球最強は落合だ。一応シオナガスクジラ
vs落合のシュミレーションを想定した。シチュエーションは
海沿いでたまたま素振り練習をしていた落合。そこに
補食のため陸に飛び上がってきたシオナガスクジラ。
何の悪義もなかった落合の素振りが飛び上がった
シオナガスクジラにヒットして即死。落合が地球上で
最強。これ以上強いやつはいない。するとたかしさん
が漫画バキに出てくる"ハンマゆうじろう"は強い
漫画にはうとい僕はYoutubeでハンマゆうじろうを検索
してみた。片手で人間を壁に投げてめり込ませ
ていた。"ハンマゆうじろうだ！さすがの落合も二次元
にはかないっこない。いや、内角高めの一撃も
決まればわからない。地球上最強の生物は
"落合博満"。こんなくだらない事で盛りあがれる
男って最高。落合ファンのみなさま申し訳ありません。

・たかしさんの裏アカウント「落合博満最強説」
・ヒョードル最強説
・落合最強説　・ハンマゆうじろう最強説　・結局落合

alpha

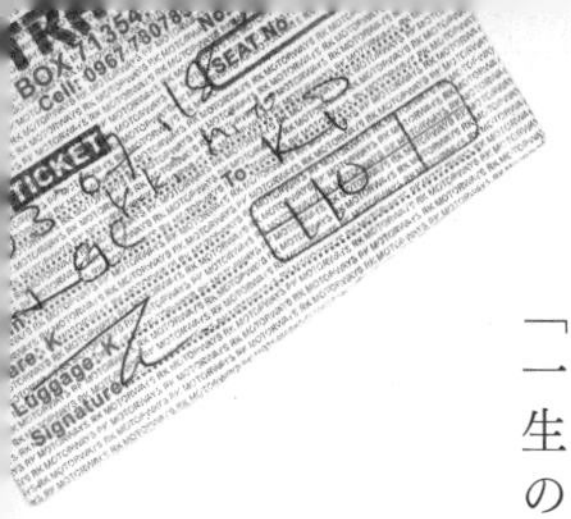

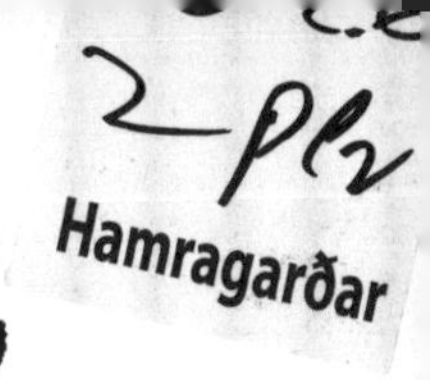

PART 003

「ヨーロッパ・アフリカ大陸編」

ドラえもんへ、我々コンビは
色んな理由で限界です。
どこでもドアで日本に帰らせて。
「一生のお願い！」ここで使います。

遂に来た。ハローアフリカ大陸。これから3ヵ月ほどお世話になります。日本から一番遠いところにいよいよ上陸ということです。「いやでも日本から一番遠いのは地理的には南米大陸じゃない？」何てことを言う人はバイバイ。地理的には正解。でもそういうことじゃないところがとても遠く感じるのがアフリカなわけで。日本でアフリカに行ったことある人を探そうとしたってそうそういない。実際はどうか。一歩街を出れば広大なサバンナ、キリンや象、名前も知らない動物たちの群れにも会えるけど、蚊を媒介としたマラリア（伝染病）にかかって亡くなったり、貧困が動機の犯罪に巻き込まれた日本人の旅人もいる。緊張と衝撃、忘れられない景色。そしてヨーロッパも少し。

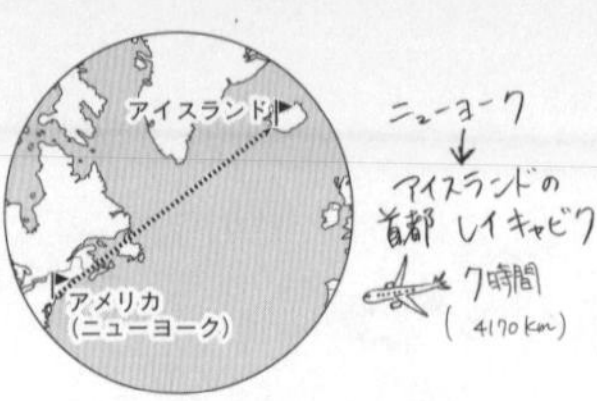

ICELAND
アイスランド

38/74

羊の群れ終りのない空、自然が生み出した絶景は一旦置いといて、高士のやらかした話

心星

この国は、名前通りすぎる国で少し困る。この前にいたニューヨークもある程度寒いとこだったがアイスランドは比じゃない。空港を出て外の空気に触れた瞬間、「今って夏だよな?」と高士に問いかけた。首都の空港だというのに周りにはホントにも無く、ただ寒い地域だと理解するには十分すぎる冷たい大地が広がっていた。苔とか雪とかが目に飛び込んではくるが、その寒さと世界的にも珍しい地形、火山が織りなす絶景こそが、人々をして「火と氷の島」と言わしめる所以だ。

今回はこの国をレンタカーで周る予定。北海道と四国を合わせたぐらいの大きさの島国をくまなく探索する。今回は値段も安かったことと、車中泊ができることで車を選んだ。アイスランドは訪れた74もの国の中で一番物価が高く、パスタを一皿頼んだら、2、3千円を簡単に失う。宿泊費も然りで、これでニューヨークと合わせると10日以上ベッドで寝られないことになる。日本に帰ったら、実家の母親のテンピュールの低反発マットレスのベッドに仰向けで顔が沈むくらい埋もれてやろう。

アイスランドの景色と言ったら振り返ってみるとホントに凄くて、なんかこう「同時に季節が無数にある」といった感じだ。あるところでは、箱根の大涌谷や群馬の草津で見られる黄色い硫黄が大地いっぱいに広がり、その少し先にある山は真っ白な雪に覆われ、その山を囲む森は深い緑色に包まれている。「自然にこうなりました」とは信じがたい色合いが1つのフレームに全部収まるという。飲み込めない。「ここでしか見られない」のおもちゃ箱だ。

そして今回は、海外レンタカーではよくある事だが、オートマではなくマニュアル車で移動する。日本とは交通ルールも違う土地で高士が運転するには難易度が高すぎるということで（俺が助手席で寝られない）、まずは俺が運転を。気持ちイィィ!!! これが北欧の景色か！ 牧歌的な景色が前方から後方へととめどなく流れる。めちゃめちゃいとおかし。それと、ちょっと旅人みたいなことを言っていいですか。世界一周をしていて、バスや電車、飛行機、船、ヒッチハイクと、色々な移動手段をとってきたが、車に敵うものはないと思う。自分たちの好きな音楽で空間を満たして、気になるお店や景色があったらさっと車を止めて立ち寄る。夕暮れ時には道端に車を寄せてカセットコンロでお湯を沸かし、コーヒー作ってそこらへんに適当に座ってタバコと一緒にボケーとする。そのお供は海外の絶景。こんなに自由が効くのはロードトリップならではだ。アイスランドもやっぱり「車」でよかった。そう思いながら、車の少ない一本道になってきたのでそろそろ高士に運転を代わってもらう。そして代わって10分ほどだったか。急に高士の運転する俺らの車はパトカーに止められた。「速度違反、罰金は4万円だ」と宣告された。今日でロードトリップは卒業しようと思った。そしてあわよくば、高士にもこの旅から卒業して欲しいと思った。アイスランドは物価が高いゆえに罰金があまりに高すぎる。我々の共通旅貯金残高から4万円が一瞬で消えた。

これは事故みたいなもんでしょうがないので、責めようがないし、俺だった可能性も大いにある。それに意気消沈している高士が久々に可哀そうに思えたので「気にすんなよ」と言った。旅に出る前の高士だったら、こういう時はだいたい慌てふためいて、まず最初に言うべき「ごめん」が言えなかったと思う。でもこの時はその姿勢が見えたから、同い年のくせして偉そうに俺は「高士、成長したな」と思えたのだ。高士がいつもどこからか持ってくる「残念」はあいつの体質なのでたまに辟易するが、アイスランドのこの大自然の中で強く当たるのはあまりにナンセンスだと、自分の感情を大自然へと霧散させた。

アイスランドすげー。心からピースになれる。各国の攘夷思想が過ぎる右寄りの政治家どもはアイスランドでサミットを開催せよ。これがインドだったら、棘のある言葉を言い放っていたと思う。それとも少しは大人になれたのかな。それか単純に高士系のイベントはたくさん見てきたから驚かなくなってきたのか。どちらにせよ、おでこに「たいへんよくできました」とはなまるスタンプを押してほしいものだ。

ホントは無数の滝と羊、温泉や間欠泉のある様子、「大地の裂け目」と言われる場所や氷河湖……ありとあらゆる自然に目を向けてきたので色々なことを書きたいが、全部書き終わるころにはコロコロコミックぐらい分厚い本になってしまうので、今回は割愛。ただ最後に一言だけ言わせて欲しい。2ページなんかじゃ説明しきれないアイスランドの大自然たちは、俺や高士が死ぬまでずっと「戻っておいで」と耳元で囁き続けてくるだろう。

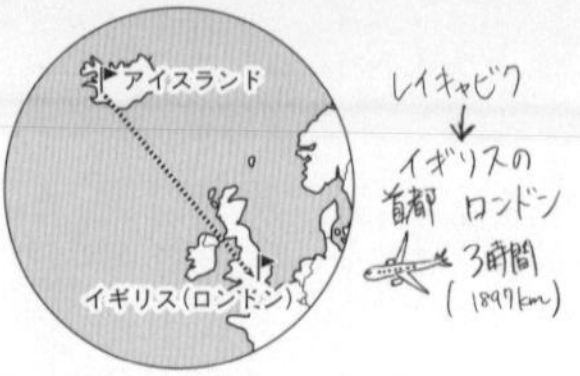

相方の逆鱗に触れる！しかし、救世主LINE乗っ取り野郎のおかげで起死回生 高士

ベトナムの再来か、また世界一周をやめて帰国しようとする考えが頭をよぎる。ロンドンの宿に向かう途中、相方が「あの時計台の名前は？」と聞いてきた。僕「んー、なんか見たことあるけど分からない」相方「えっ、ビックベンって知らない？」僕「初めて聞いたわ、へへ（苦笑）」相方「なあ、事前に次行く国の基礎情報ぐらいは調べとけよって言ったよな、いちいち当たり前を説明するのしんどいんだって」今まで何度も言われていたが全然調べていなかった。相方の機嫌がみるみる悪くなる。

僕らは訪れた国で「酒井軍団　海外支部」と書かれた旗を掲げて写真を撮ることにしている。僕らは芸人のアルコ＆ピースさんのラジオのヘビーリスナーで、相方は酒井さんのInstagramの投稿にしつこいぐらいコメントを送っていた。ある日相方がラジオの出待ちをしたところ「おー、やっときたか」と酒井さんから言ってくれたという。どうやら毎回「世界一周のアドバイス下さい」しか言ってこないこいつって一体どんな奴なんだと、相方のInstagramを見てくれていたのだ。その後相方が僕を出

待ちに誘ってくれ、「各国で酒井さんの名前の入った旗を掲げて写真撮ってきます！」と約束したのだ。そんな訳でここロンドンでも撮影したのだが、僕が撮った写真を見て相方が「なにこれブレてんだけど。適当に撮ってんなら辞めちまえ」とキレた。険悪ムードの中ふと高級中華料理屋の前で立ち止まる。相方「昼飯、ここで食べる？」僕「そうだね」相方「お前全然反省してないんだな。こんなに同じ事何度も言わせてよく高い中華食おうと思うよな。もっと安いの食べるって言うのかと思ったわ」。完全にあいつの逆鱗に触れてしまった。沈黙のまま2人で宿に着くと相方が「もうお前と一緒にいたくないから別行動しよ、18時にまたここの宿の前集合で」と言い放った。相方が大英博物館に行くことはわかっていたので、僕は奴と遭遇しないように地図を見て真逆の方角に歩いた。奴になんと言えば許してもらえるのだろうか。そればかりを考えていた。確かに奴の言い方はどうかと思うが、言ってることに反撃の余地は無く、僕の落ち度だらけ。スーパーで

4個入りのドーナツを買って公園のベンチで食べる。真っ白な砂糖が大量に塗られていてめちゃくちゃ甘い。芝生にレジャーシートを敷いて楽しそうにピクニックしているイギリス人を見て、なぜか羨ましく思う。再び街中を歩き出すとガラス張りの航空会社が目の前に現れたので、「イギリスから日本っていくらで帰れるんだろう？」とふと考える。ロンドンのお城みたいな建物だらけの街並みに飽きた僕は、暇を潰そうとFREE Wi-Fiの使える広場へ。Facebook とInstagramの友達から「LINE乗っ取られてない？」というメッセージが大量に届いている。すぐさまLINEを開こうとするが開けない。こんな時に勘弁してくれよ。その後他のSNSを使って色んな友達に謝罪のメッセージを送りまくり、新しいアカウントを作成した頃には、もう奴と落ち合う時間になっていた。

宿の前に現れた相方の最初の一言は「お前LINEのアカウント、乗っ取られててマジ笑ったわ」既に相方は知っていて、友達にも知らせてくれていたみたい。まさかの和やかムードでの再会。しかしそれも束の間。相方「で、一人になってなんか思うことあった？」僕「今日してしまったミスを挽回するためにモノマネを覚えようかと」相方「んー、それはもういいんじゃない。高士、お前が言わなきゃいけないことはもう、1つしかない」僕の頭の中は真っ白。相方がなにを求めているのか全くわからない。長い沈黙の中、痺れを切らして向こうが口を開いた。「もう何事に対しても我武者羅にやるしかないんじゃないの?」僕は数え切れないミスをしてきた。ここまできたら途中で日本に帰れるものか。世界一周が終わるまで、ただひたすらに、我武者羅に、目の前のことをこなすしかない。そう誓った。

でも最後に一つだけどうしても言いたい。僕のLINEを乗っ取った奴だけは絶対に許せない。魔法でアズカバンにぶち込みたい。

40/74

ドイツ

ビール、ソーセージ、ハリボー。この3つでドイツが成立している。特にハリボーの安さには驚いた。実は「俺への差し入れはピュレグミで」と言う程グミ好きの俺。ハリボーさんには前から一目《いちもく》置いていました。日本の半額のお値段でご提供いただき、ドイツには頭が上がりません。

NAMIBIA
ナミビア

41/74

世界の果ての景色に興奮が抑えられない。そこで待っていたこととは

心星

祝アフリカ1ヵ国目。首都ウィントフックにもうすぐ降り立とうかという飛行機の中。飛行機の真下に広がる何もない寂しい荒野を窓から覗き込み、「遂にアフリカに来たんだ」と、興奮（ポジティブ）と緊張（ネガティブ）が心の中で混濁する。高士はどうかな、流石にあいつだってちょっとは怖いと思ってるよな……寝てたわ。

今回のナミビアの旅、実は高士と俺の2人だけではない。世界一周をしている旅人5人で車を借りてナミビアをぐるっと周る予定なのだ。「ナミビア」は日本人には聞き馴染みのない国名だが、実はアフリカの中でもかなりの観光大国。アフリカ大陸の南部に位置している為、「世界の果て」と納得せざるを得ない奇想天外な景色ばかりが広がっている。実際、笑けてくるくらいに全部アフリカ。もし我々の見てきた景色を全部見せられるものなら、我々の脳の海馬の部分を5分ずつ友達同士で回してエンジョイして欲しいものだ。借パクの場合、死刑。

到着した次の日、大きな四駆の車を借りてアフリカ最初の旅は始まった。最初に

訪れたエトーシャ国立公園では、サファリへと向かう。初めて見るサバンナの野生動物たちに感動しっぱなし。シマウマやキリン、ダチョウなどが悠々と自分たちの車の横を歩いていく。全員のカメラのシャッター音と「あそこ！　ほら！　ちげえよ、こっちだって！」というセリフが全然鳴り止まない。そしてしばらくすると、それらが急に鳴り止んで静かになった。そうか、みんな冷静に目の前の景色を目に焼き付けているんだ。みんな目の前の「アフリカ」を自分の深いところに落とし込んでいたんだと思う。
しかし最初の動物を見てから2時間くらい経ったあたりからみんなのテンションが思わぬ方向へと進んでいく。最初は誰かが言った一言だった。「またキリンかよ」いや、言ってしまったんだ。「何回出てくんだよ、あのピョンピョン跳ねる奴」「象と変われ」「この動物なんか臭い」。エトーシャ国立公園の元気な動物のみんながこのことを知ったらどう思うだろう。心が痛んだ。でも誰も言い返せなかったんだ、だって俺もそう思っていたし、みんなそ

う思っていたんだから。エトーシャ国立公園には丸2日滞在しました。ムツゴロウさんだったら興奮しすぎて奇声をあげて動物に負けじとピョンピョン跳ね回っているかもしれないシチュエーションばかり。我々は初日で十分おなかいっぱいでしたが、動物好きは行く価値ありかと。

次は3時間程車を走らせ、ヒンバ族の集落へと向かう。小さな土で作ったであろう小屋が点々としている。そして念願のヒンバ族と遂にご対面。世界には多種多様な少数民族がいるが、その中でも記憶に残るという点ではかなり上位に入り込んでいるヒンバ族。その見た目は、皮膚に赤土を塗りたくっているので全身真っ赤な全裸姿で、髪の毛には大量に動物の毛を編み込むという、もし東京の表参道にいたら「前衛的なファッション」と評価された後に、通報を受けた複数の警察官に連行されるであろう。今までの旅でもかなり色々な少数民族に出会ってきた経験から「少数民族や部族はお金目当て」という悪いイメージが会うまでは先行していたが、ヒンバ族はそんなことない。民芸品の押し売りや写真を撮ったら「100円!」などの類が全くない。そういう雰囲気の片鱗さえ立ち居振る舞いからは見られない。なんせサービスが良い。サービスが良すぎてデニーズの店員さんかと思った。家の中を案内してもらったり、ヒンバ族の子供たちと遊んだり、記念にと赤土を顔面に塗りたくられたり。世界にはまだこんな民族がやっぱいるんだ！　と思い知らされた。

後ろ髪を引かれながら村を去り、一路ナミブ砂漠へ。ナミブ砂漠へは3日ほどかかる大移動。しかしそんな疲労を消し去るくらいの絶景が我々を歓迎してくれた。一面、褐色の砂漠。5人で目の前に鎮座する砂丘のてっぺんまで走る。誰も号令なんてかけてないけど走る。年齢なんかは関係なく、大きな砂場の前ではみんな子供だ。俺と高士といえば、世界津々浦々の砂があるところでは、無意味に相撲を取るという慣しが有名だが、高士が砂丘の斜面を仰向けに逆さまの姿になって滑り落ちてく。「また負けたよ〜」みんな笑った。夜は砂漠の中でキャンプ。電気や街灯は遥か先の向こう。人の作った物とは無縁のこのナミブでは星と月が宙《そら》に煌《きら》びやかに飾り付けられている。朝焼けや夕焼けの時のナミブはまた格別で、太陽の光に照らされる砂丘の陰影は、絵を見ているかのような錯覚に陥り、吸い込まれてしまいそうになる。砂漠は南米のペルーなどでも行ったが、ナミブはほんと別格だった。ああ、語り尽くせないナミビアというこの国。この国だけで一冊書けちゃいそうなストーリーが実はあるのだが、それはまた違う機会に（出版業界にお願い）。

42/74

南アフリカ

ケープタウンで「お寿司の食べ放題」があるという情報をキャッチしたので、持ち金全てを握り締める思いでそのお店を訪ねた。いざ実食！ ありえないほど美味かった。お値段も1350円。今だに地図にピンが挿してある。

43/74

レソト

360度、国土の周りを全て南アフリカに囲まれた山岳国家レソト。高地で気温が低い為みんな布団に包まって街を歩いている。なんだかおもしろい国。アフリカは暑い！ と思って行くと、予期せぬギャップに面食らうかも。

44/74

スワジランド（エスワティニ）

年に1度、全国の処女の女性を集めて半裸で国王の前で踊らせ、目にとまった女性を王妃として迎え入れる、という時代錯誤な祭がある。本当の世界貴族だ。自由研究などするなら真っ先にこの国を選ぶだろう。

45/74

ジンバブエ

お金、紙幣自体がお土産品のスーパーインフレ国。それと町中に野生のマントヒヒがいたのもかなり衝撃的。マントヒヒがど真ん中で鎮座している遊歩道。高士を同族と勘違いしてくれることを祈り、高士に先陣を切らせる。

46/74

ボツワナ

４つ星ホテルに宿泊した。ホテルの敷地内にあるキャンプサイトで寝る場合は１人１泊１０００円ほど。それもホテル内の設備は使い放題。プールでしょんべんくらいしてエラい人に叱られたかったが、ちゃんとしてしまった。

47/74

ザンビア

この国といえばやっぱりタンザン鉄道だろうか。首都ルサカからタンザニアまでを結ぶ総距離約２０００㎞の長距離列車。乗ったが最後、目的地に着くのは天候や運転手の気分や運次第という、桃鉄仕様。

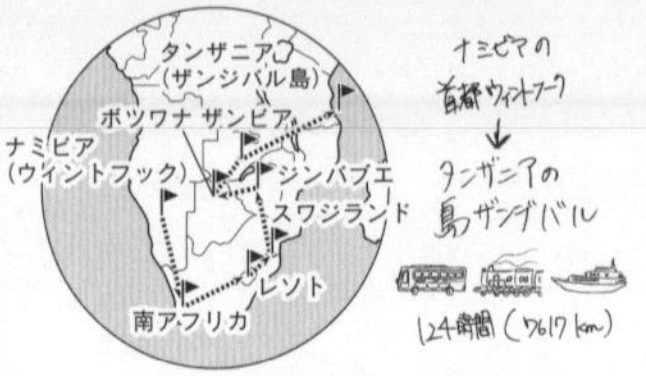

TANZANIA
タンザニア

48/74

この国では小さい喧嘩など結局は丸く収まると思う。
だって飯がうまいんだもん
心星

飯テロな文章が始まりますのでご注意願います。アフリカも終盤、お隣のザンビアからタンザン鉄道なる長距離列車でタンザニアにやってきた。この列車が優秀すぎる時間を提供してくれたのでまずは説明しておきたい。ルサカからダルエスサラームまでの計55時間、2000キロを走破するこの列車は、アフリカの風光明媚な景色の中を駆け抜ける。世界の鉄道好きの間で有名な列車だけあって、サバンナ、ジャングル、象の群れなど、ありえない光景ばかり目に飛び込んできて、まるでディズニーランドのウエスタンリバー鉄道みたいだ。寝台車や食堂車がちゃんとあったりするおかげで驚くほど快適。イッツ・ア・スモールワールドかと思った（はい、もうやめます）。寝台席は6人1部屋なので、近くを旅していた日本人を集めてみんなで部屋を占領する。そうすれば気を遣わなくてすむし、気心の知れた者同士なので防犯面も万全。夜な夜なみんなでトランプやUNOをやって、負けた奴が食堂車までビールを買いにいくという、大学サークルのスノボ合宿の夜！　みたいな時間。大学に

行けなかったことを今でも引きずり、浮ついた学園生活を披露してくる友達に「お前、その分何か失ってると思うよ」と根拠のない暴言を吐いてきた俺にとって心が浄化される時間となった。

世界一周の中でも圧倒的上位に食い込んでくるキリマンジャロ登山もこの国での思い出。まあそれについては巻末でじっくり語るとして、この国の特徴といえば「グルメ大国」ということだろう。訪れた国の中では断トツにご飯が美味しかった。ダルエスサラームというこの国最大の街から2時間くらい船に乗ると、ザンジバルという島に到着する。1周するのに車でも1日かかりそうな大きな島だが、ここにザンジバルピザという名物がある。その味が「お好み焼きすぎる」と日本の旅人の間で話題なのだ。実食してみたところ、したことないけど2ｃｈにスレ立てようかと思うくらいにホントだった。ケチャップとマヨネーズぐらいしかかけるものないのに、とても不思議だ。

ザンジバル島に滞在した4日間。夜は決まって同じルーティンに我々は囚われていた。それはストーンタウンというザンジバルで一番大きな町の外れにある公園で、陽が沈む頃にどこからか現れるグルメな屋台をはしごするというもの。ホント日本の夏祭りの露店のような雰囲気で、タンザニア人が入り乱れてごった返す。結局あまりの美味しさから一日一回はピザにいきつくのだが、他のご飯にも毎日挑戦していた。実はこんなことってホント珍しくて。勇猛果敢に新しいものに挑戦しようもんなら、心の底から食欲という棒をへし折ってくる魔物が現れるので、そのリスクを避けるために一度美味しいと思った料理があればそこに毎日のように通い、飽きに耐えるのが常だ。でも、ザンジバルではハズレの料理がないからそんなストレスからひとときの間解放される。食へのストレスから解放されるなんて地味だけど大事。そして「日本以外の国の米は美味しくない」なんてことを言う人がいるが、タンザニアだけは例外として欲しい。はっきり言おう。タンザニアの米は日本に匹敵するくらいうまい！　これは向こうに駐在するボランティアの人に聞いた話だが、タンザニアは昔、日本に農業支援を受けていた過去があるらしく、作っている米が日本由来だというのだ。あーなるほど、どうりで。海外にいることを忘れさせてくれる日本米。例えば、米料理の一つに、トマトと豆を煮込んだソースをお米にかけるだけの料理があるが、これが絶品。日本に帰ってきた今でも、記憶を辿りながら生唾を飲んでしまう。右手には米料理、左手にはザンジバルピザ。裁判所の玄関によくいる、正義の女神テミス像顔負けだろう。屋台で飯を買っては人気の少ないベンチに座り平らげ、また陽気な現地人たちの間を器用にすり抜け次なる屋台へと向かう。これを繰り返して満腹になったら宿のベランダに戻ってビールと一服。なんだこれ、思い出が最高だ。アフリカのそれも中央の方に位置する国がグルメだなんて想像もつかない話だが、自信を持ってそれをここに証明しよう。

49/74

ケニア

アフリカ最大のスラム街、キベラスラム。スラム街の住人なんて犯罪者予備軍、はたまた犯罪者だらけだと浅薄な想像をしていたが、違った。子供達が元気に走り回り、大人たちは笑い合ってご飯を楽しんでいる。大量のゴミや、傷口に触れたら一発だなと思わせる汚染された生活用水路が目に入る時だけ、ここがスラムだと思い知る。あの赤いワンピースを着た女の子は元気だろか。

ETHIOPIA

エチオピア

50/74

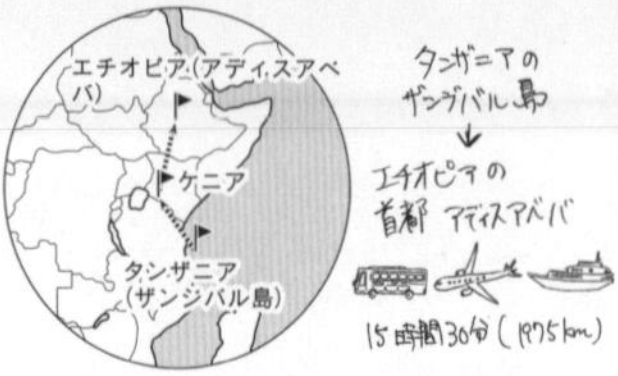

灼熱の大地に崩れてゆく仲間たち 世界一過酷なツアーに参加する（高士）

ケニアのナイロビを発ったエチオピア航空ＥＴ３０５便がエチオピアの首都アディスアベバの空港に着く頃、外はすでに真っ暗だった。アフリカを一緒に周ってきたけーすけさんも一緒だ。けーすけさんは細身の20代後半の男性で、世界を周りながら写真を撮っている。翌朝同じ空港から国内線でメケレという町へ飛ぶため、その日は空港泊をすることになった。空港内のベンチに横たわり、ふと相方のスマホを覗くと、エロ動画をたくさんダウンロードしていたので、あっ、と思い僕も真似をしてから寝た。次の日、目が覚めると僕の足元のベンチに現地のおっさんが座っていた。確実に目が合ったのに一切動こうとしないが、おっさんが動いてくれないことには僕は身動きが取れない。サイコパスなアフリカ人に出会った。おまけに機内食についてきたのでマウンテンパーカーのポケットに入れておいたマーガリンが、寝返りを打ったからか破裂していた。最悪の朝だ。

けーすけさんと相方も起きてきて、朝のフライトでメケレへと飛んだ。メケレとい

う町では世界一過酷と呼ばれるツアーに参加する。このツアーはオフロード車を運転手付きでチャーターして自然を巡るというものだった。空港からツアー会社まで無料シャトルバスで移動。僕、相方、けーすけさん、さらにもう一人女性が同じツアーにのぞむ。けーすけさんと同じくアフリカを共に旅した、30代後半、独身保育士の世界一周バックパッカーだ。僕は愛情を込めて彼女のことを「ババア」と旅中呼んでいた。それでも何一つ嫌な顔せず立ち向かってくる彼女のメンタルは強い。ババアは僕らより数日先にエチオピアに入国していたので、ツアー会社で合流することになっていた。先客の申し込み手続きが終わるのを待っているとババアの姿が見えた。彼女は「安産体型だ」と豪語しているが、マトリョーシカみたいなシルエットをしている。これで全員揃い、手続きも完了。明日の朝からツアーが始まる。

翌朝、どデカいオフロード車とアメフト選手みたいなガタイの運転手が僕らの宿に迎えにきた。気温は高く、立っているだけで汗が出てくる。車での移動中、窓は閉めっっぱなし。クーラーをガンガンに効かせてくれるのはいいが、運転手の脇の匂いが冷風に乗って真後ろの僕に直撃して鼻が爆発しそうだった。

運転手が定期的に「今外の気温は何度だと思う?」とクイズを出してきて、それに僕らは答える。運転手が外の気温がわかるボタンを押すと45度という数値が出ていた。ここまで暑いといくらクーラーをつけていようが少しマシになるぐらいだ。ダロールという、あたり一面から硫黄の匂いが立ち込めてくる火山に着くと、気温は47度を超えていた。体調を崩す恐れがあるためここでは滞在時間制限があり、熱中症対策のため水の携帯は必須。さらにこのエリアは紛争地帯らしく、ライフルを持った数人の現地人男性が常に僕らの周りに張り付いていた。なんというツアーなんだこれは。風が吹くとサウナにいるときのように息が苦しい。しばらく歩くと、黄色、オレンジ、赤の色鮮やかな景色が広がっていた。相方とババアは暑さに耐えきれず早々に車の方へと戻っていった。僕とけーすけさんも後を追ったのだが、ババアがフラフラと歩いているのを発見。思っている以上に危険な状態だと察知し、肩を担いで車まで戻った。車に戻ると、運転手がクーラーボックスから冷えた水を僕らの頭にかけてくれた。ババアはもう自分で体を動かせなくなっているし、過呼吸まで起こしている。みんなで看護してしばらく休憩したらなんとか落ち着き始めた。ひとまずその日は終わったが、まだまだツアー全体の三分の一しか終わっていないと聞き、先行きが心配になる。過酷だぞこれは。

ツアー2日目、ババアの体調もなんとか回復。このツアーの目玉ともいえるエルタアレ火山に向かう道はかなり険しく、車内では体を上下左右に揺さ振られる。相方もストレスが溜まっていたのか、横にいる僕の体が熱くてうざいだの体臭がすごいだのと不満をぶちまけてくる。八つ当たりもいいとこだ。日が沈む頃、エルタアレ火山のふもとのキャンプ地へ着いた。ここから歩いて火口付近まで行くという。定期的に水分補給の休憩を挟みつつ3時間は歩いただろうか、その間の暑さも、日が沈んでいるというのにエゲツない。ついに火口へ行く。火口に近づくと鼻を痛めそうなほどの煙が立ち込めており、口と鼻を防ぎつつ見学した。その日は煙がすごくマグマが見えづらいらしく、何やら赤い物が動いているのがわかったくらい。これでこのツアーの目玉は終わり。なんだか寂しい。ただただ本当に過酷なツアーだったので、しんどい思い出の1つになった。

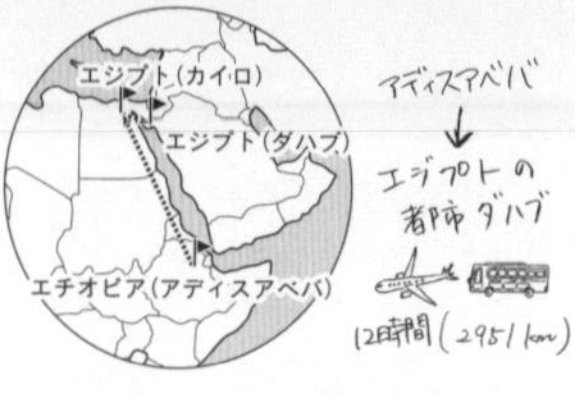

幼い頃迷子になった僕は泣いていた。大人になった今も迷子で泣いた

(高)

僕はカナヅチで水面にただ浮いている事さえできない男である。それを理解した上で相方は世界一周出発前に伊豆でスキューバダイビングライセンスを一緒に取ろうと誘ってきた。結局僕はライセンスを相方に無理矢理取らされ、旅の間中、各国でダイビングをすることとなる。その結果、僕は水面に浮くことができないにも関わらず、水深30mまで潜れるという特異な技術を手にしていた。

エジプトに、ダハブという海沿いの町がある。茶色い大地と岩山に囲まれたところ。フルーツジュース屋、シーシャ（水タバコ）の吸える店、カラフルな魚が売られている店。泳ぐ魚が水面からでも見える透き通った綺麗な海。ダハブは僕らが世界一周してきた中で一番激安でスキューバダイビングができる場所。ディープブルーという宿があって、そこにはダハブで唯一の日本人スキューバインストラクターがいると聞き、そこに泊まることにした。用意された部屋はエアコン付の4人ドミトリー部屋。早速受付のエジプト人に僕らがダイビングをしたい旨を相方が英語で伝えると、日本人インストラクターは出かけているというので数時間待つことになった。目の前の海から穏やかな潮風が吹いてくるとはいえ、ここはエジプトだ。少し外を歩こうものなら汗をかくような気温だったので、ドミトリー部屋で冷房をガンガンにかけて待機していた。宿の共用スペースに顔を出すと1人の日本人と会う。ちぢれたロン毛でプロレスラーばりに体格のいい20代後半くらいの男性。「スキューバダイビングをされる方ですか?」と優しい口調で僕に話しかけてきたので、「なるほど、この男性がダハブで唯一の日本人インストラクターか」と思ったが全然違った。聞けばこの男性、インストラクターとして認定してもらうためにダハブ唯一の日本人インストラクターのもとで色々と教わっているのだという。

そしてついに噂の日本人インストラクターがやってきた。50代くらいで短髪色黒、物凄い勢いでまくし立てる関西弁で、これまた体格のいいおっちゃん。「けんじさん」というそうだ。部屋にいる相方を呼び、自己紹介をした。関西人を前にして僕らの職業をさらす時は毎回なんともいえない緊張感に包まれる。お笑いが溢れる環境で育ってきた関西人はお笑いに厳しいのではないかという先入観から、けんじさんの口から繰り出される言葉が全て何かのフリではないかと怯えてしまう。しかし実際はそんなことはなく、一緒にいるだけで終始楽しい人だった。

僕らは次の日の朝からダイビングをした。ある程度の水深から一気に水面に急浮上することは人間の体の構造上無理があり、場合によっては肺が破裂すると言われている。なのに僕は危険とされる急浮上を1ダイブで3回もかましてしまった。生きてて良かった。その晩のナイトダイブにも朝の失敗を活かし臨む。食事休憩を挟んでいよいよ初めての経験。興奮を抑えきれない。一人一つナイトダイブ用の懐中電灯を携帯し、けんじさんの合図で海へ潜って行く。目の前に広がった景色は、ディズニーシーのアトラクション「海底二万マイル」そのものだった。暗い海の中で岩陰に潜む魚を懐中電灯を照らし探す行為は、まるでトレジャーハンターになった気分で男のロマンを掻き立てる。しばらく潜っていると、僕のゴーグルに水が入ってきて視界が悪くなってきた。これはダイビング中よくあることなのだが、何故か今回ばかりはゴーグルの水が外に抜けていかない。次第に三半規管あたりに圧迫感を感じパニックになった末、その日4回目となる急浮上を決行した。一緒に潜っていたダイバーのみんなは僕の高速急浮上に気づいていない様子で、僕は完全に孤立した。不幸中の幸いか、水面に顔を出すとさっきまでの違和感はなくなっていたが、しば

らく水面で待機しても誰も来ないし船や同じダイバーの姿も見えない。涙が溢れてきた。周りには遮る障害物がなく、真っ暗な水面がずっと続いている。静かすぎて、岸から遠く離れている事がハッキリわかった。遠くに見えた真っ黒な岩のシルエットを目指し泳いで向かう。仰向けで泳ぎつつダハブの夜空の星を半べそで眺めながら、自分が確実に生きていることを実感する。それからどれぐらい時間が経ったのだろう。偶然にも行きと同じ岸に辿り着くことができた。ってか、思いのほか岸は目の前だった。岸に着くなりエジプト人に「他のみんなはどこ行っちまったんだ？」と聞かれたが、僕は「ロストした」とだけ言ってみんなの帰りを待った。30分くらいしてみんなが帰ってくる。けんじさんに急に姿を消して心配をかけてしまったことを詫びると、「かまへん、かまへん」と粋なジョークで返答してくれてホッとした。

　中東でダイビングをするなら、ダハブに行くことをお勧めしたい、しかしくれぐれも急浮上急降下急旋回だけは控えてほしい。

52/74

モロッコ

アフリカを南から北上しながら縦断し終わった直後のモロッコ。サハラ砂漠はナミビアのナミブ砂漠ほど綺麗には思えないし、マラケシュの古い建築物達もエジプトのものほど感動できなかった。夏休みで観光客でごった返していたからかも。日に日に旅に適応しすぎて大自然がないと興奮しない体になってきていた。

53/74

スペイン

トランジットの合間の4時間でサグラダ・ファミリアを観光。足早過ぎる俊足の観光で、バルセロナ市民にメッシと間違えられてしまったかもしれないが、街の景色の感想は「絶対散歩が楽しい」。バカの書いた感想文みたいになってしまったが、休日の朝にでも彼女とゆっくり散歩したい街という印象で、足早過ぎてメッシと間違えられるのだけは絶対に違うと思った。何とも未練が残るバルセロナ。

54/74

カザフスタン

ここからは4章の国をフライング公開。この地に足を踏み入れた時、「今までと全く違うエリアに来たな」そう感じた。アフリカと南米は少し似ているし、東南アジアも親しみやすい。これが中央アジアか。パラレルワールド感があるが少しいるとローカルだなとも思うし、ソ連時代の名残も強く感じる。なんとも不思議で寂しく色彩の薄いイメージ。

55/74

キルギス

ビザ待ちの間に約2週間滞在。日本人にそっくりな顔面の人が多いと言われるだけあって、我々の肌に合うお国柄だと感じた。物価の安さが破格でどれだけいようが無一文になる想像が全くつかない。サーティワンやケンタッキーが日本と同じ味で半分以下の値段だなんて、日本で食べるのがバカバカしくなるほど。

に挑戦する、相方、けいすけさん、なつみさん。しゅんさんは
諸事情によりしない。なつみさんは朝からずっと"緊張
する"と言ってうるさかった。スカイダイビングのむかえの
車が来る1時間前に昼食の野菜炒めを作って、ちゃちゃっと
昼食を済ませた。キッチンで洗い物をしていて、男女の
日本人がいて話しかけた。女性の方は最初僕のこと
を外人だと思っており英語で話しかけてきた。僕が
"日本人ですか？"と聞くと"あ、カッコイイ"と言われてフラグ
が立った。男女の人はドイツ人と3人でレンタカーを借
りてナミビアをラウンドしている。我々と同じである。スカイ
ダイビングのむかえが来た。僕もカメラマンとして同行
した。車で20分くらいの所にBarと一緒になった
sky Diving場がある。最初に書類の記入。僕は必要
はないのでしない。そして、飛んでる際中の姿勢の
練習をする。これは一応僕もした。全身にパラシュート
などをつけるベルトの装着。これを僕がしたら迷惑なの
で僕はしない。みんなの写真撮影をした。緊張して
いるなつみさんに"おばさんイジり"をしてリラックスして
もらう。けいすけさんの高価なカメラをわたされ撮影を
たのまれた。けいすけさんのカメラはズッシリと重く、プレッシャー
がハンパない。落としたら殺される。最初に飛ぶのは
相方だ。相方と違うグループの女性巨乳外人の2人PL
インストラクターとともにセスナに乗って上空へ舞い上がって
いった。相方が飛んでくるまで待っていると、なつみさん

alpha

高士日記

［ナミビア］

15 JUN 2018 Friday　　元気

所々がサビついていたが、全体的に見たら、そんなに悪くはなさそうだ。今日の夕飯はパスタが余っていたので、適当に野菜を煮込んでスープに混ぜて優しいスープパスタができた。最近はつまみに塩キャベツが定番になってきている。このままいくとどんどんサイドメニューが増え、僕だけでは手がまわらなくなりそうだ。なんとかせねば。

・アシカのコロニー
・廃塩工場
・難破船
・特殊調理食材、浜辺の小玉スイカ
・サイドメニューの増加
☆

「キャンプ「7日目」

今日の朝はゆっくり起きてもいい日なのだが、朝7時に起きて、体が自然とキッチンの方へ向かい食パンを焼いていた。そして1時間食べ続けた。パンを何枚食べたかわからない。なつみさんは歳をごまかすので必死なのでみんなが寝ている間に早起きして色々としている。今日は僕の方が早く起きたので、スッピンのなつみさんを見て食欲がなくなってしまった。今日はスカイダイビングが

alpha

高士日記

［ナミビア］

が、スカイダイビング場に設置されたブランコに1人で
乗っていた。背中から悲しさが見えた。高村は何か辛いことがあって
落ち込んでいる時にブランコに乗るのがルーティーンみたいに
になってた。スカイダイビングのスタッフが上空を指さし
た。上を見上げるとセスナから3つのカラフルな
パラシュートが飛び降りた。この3つのど
れかに相方がいる。地上からでは誰が
誰なのか判断するのが難しい。別グループ
の巨乳外人さんが1番最初に地上に着陸
した。巨乳外さんの後ろにくっつくインストラクター
がうらやましい。きっと上空を飛んでいる間おっぱ
いをもみまくったであろう。我々はかいにとらんだ。
鳥らっきょのような輪郭。まさしく相方だ。空を
360°回転しながら地上に降りてきた。次に
ひかえていたなつみさんがセスナに乗せられた。
相方は今回のスカイダイビングを経験して満足気
だった。次はなつみさんが飛んだ。僕は何か
ハプニングが起きそうな予感がした。死なない
程度のトラブルをなつみさんに期待していたが
普通に飛んで無事に帰ってきた。ただ
飛んでる最中になつみさんはヨダレが出て
しまったらしい。34歳の女性にもなると口周り
がゆるくなってしまうようだ。最後はけいすけ
さん。けいすけさんから撮影を頼まれ

alpha

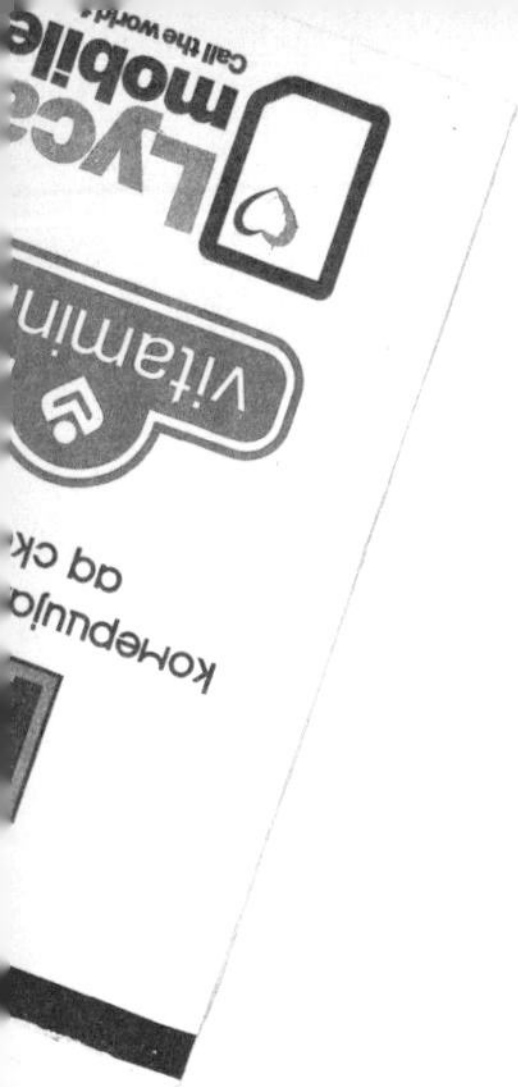

PART 004

「ユーラシア大陸大陸編」

全ての旅中の思い出や
出会いに感謝、
日本に向けての全力ラストラン。

僕の顎髭はもうアラブ人を超越し、税関で引っかかる頻度が増え、旅人としての確固たる地位を築きはじめていた。旅費も終盤になってスカスカ。絶景というものは大自然からのみ生み出されるものだと思っていたが、数々の国を旅する中で、モスクを始め、キャンプを共にした旅人、嘔吐する相方と様々な絶景に出会えた。日本帰国を目前にして、嬉しさ半分、切なさ半分。相方と揉めた回数は計り知れない。今更になってなんでこんなバカな事してたのかと思ってしまう。世界一周をコンビで成し遂げたという事実を早くみんなに言いたい。数多のトラブルを乗り越えてきた僕らを生きて帰国させてくれ。僕らの長い1年半にも及ぶ旅は、遂にクライマックスを迎える。（高士）

RPGゲームの世界ならまだここにありました

56ヵ国目ともなると旅人の中では語り草になっているある事実に我々も直面する。「旅がスタンプラリー感覚になってきちゃった」これはかなり恐ろしい。あまりにも恐ろしすぎて、相方の大事な毛細血管の密集した後頭部のやや下あたりを平手で思いっきりひっぱたき、釣られた直後の鮮魚くらい地面でビクビクと痙攣《けいれん》しながらのたうち回っているのを笑いたい。完全にパニック。噂には聞いていたけど、ホントにあるんだな。実は刺激的すぎたアフリカの縦断を終え、燃え尽き症候群のような状態になってしまい、観光する意欲がメキメキとなくなっていたのだ。旅を続ける意欲はあるが、その道中の思い出作りはもういいかな。ふと宿で、昔、大好きだったバラエティ番組の『うたばん』をずっとYouTubeで見続ける日とかもあったりして。どんだけ疲労困憊《こんぱい》やねん。旅人の先輩のみなさんのおっしゃる通りである。しかし、そんなモチベーション低下中に向かったここ、ウズベキスタンは個人的にこの旅の中でもTOP5に入る国となった。ウズベキスタンの特徴は？　と聞かれる度に自分の中で決まって即答する答えが常に用

意してある。「ＲＰＧゲームの世界」こうだ。ＲＰＧゲームとは有名どころだと、『ドラクエ』『ファイナルファンタジー』なんかが真っ先に浮かぶが、ほんとあんな感じ。
街の雰囲気も古《いにしえ》の時代を彷彿とさせる。ウズベキスタンは元々シルクロードの要所として繁栄してきた歴史がある。古き良きイスラムの建物（モスク）が今でもいくつか残っていて、国民のシンボルとなっている。ざっくり、かなりざっくり言えば「京都」に近いかも（私の貧相な検索エンジンでは「京都」が最有力でした）。
人も温かい、というか圧がすごい。ちょっと有名な観光地へ行くと好奇な眼差しのウズベキスタン人に囲まれる。別に怖いとかじゃない。実はウズベキスタンには観光するところは結構あるが、ビザや陸路での入国が少し前までややこしかった事やアクセスの悪さなどが原因で、外国人観光客が意外と珍しい。それも「我々は日本人だ」なんていうと道行く人からキャーキャー言われる。いわゆる黄色い声援というやつだ（大マジ）。旅をしてよくわかったことの１つに「日本人のアイドル性」があるが、それがここでもよくわかった。ある日、俺が有名なモスクの前で写真を撮っていると、女子高校生の集団が何やらこちらを見ながらヒソヒソと話しているのが目に入った。どうやら誰があの日本人に最初に話しに行くかで揉めているらしい。結局、白羽の矢が立った1人の可愛らしい女の子が、俺にモジモジしながら近寄ってきて「あの……一緒に写真撮ってください」と言ってきた。冷静に考えてこのシチュエーションは「俺、松坂桃李じゃん」と思った。

話しが少し脱線してしまったが、ウズベキスタンがRPG（冒険）の雰囲気を醸し出している理由には、移動がバスではなく寝台列車だったり、Wi-Fiがほとんど無いこともあげられる。寝台列車で移動したのはインドやアフリカの一部くらいで、長く旅をしていても早々無い。列車に揺られながら見る中央アジア特有の草原と、それらを見守っているかのように遠くで佇む悠然とした山々はまさに絶景。いつまで経っても飽きがこない。Wi-Fiが無いって不便だけど、その分情報が無いので、現地の人に何かを尋ねることが多くなる。言い方がちょっと悪いかもしれないが、ほんと、道行く人たちがみな助っ人キャラに見えてくる。同じ質問をしても村人Aと村人Bでは答えが違って「適当だな（笑）」と思ってしまう。もうほとんど論理思考パズルだがこれも楽しくて

RPG感が増す要因の1つなのかもしれない。

ウズベキスタン。自然と古《いにしえ》の建物が織りなす世界観が来るものを包み込み、まるでゲームの中にいる気分にさせてくれる。そして住んでいる人たちも好奇心旺盛で、人当たりもいい。中央アジアは海外に特に興味のない人からすれば、「どこそれ」必至だが、キルギスやカザフスタンを含めぜひ訪れてほしい地域だ。治安がいいのも頷《うなず》ける国民性。シルクロードの拠点として栄えた町はこれからも、来るものを拒まず、去る者を追わずのスタンスであり続けるだろう。

57/74

アゼルバイジャン

海馬コーポレーション。少しややこしくなるがドラマの『ごくせん』はやっぱ2期でしょ！　世代の我々からすると、この首都バクーに鎮座するフレームタワーは、アニメ「遊☆戯☆王」に出てくる海馬コーポレーションの建物にしか見えない。かすかに残る我々の童心が弾む。

山と教会と童貞が抜けない僕 (高)

天国に一番近い教会まで行けば、相方をそのまま天国へ連れてって頂けますか？
コーカサス山脈に囲まれたカズベク村。その近くの山の頂上にある教会は、天国に一番近い教会と言われている。そこを目指して僕らはジョージアの首都のトビリシで出会った3人の仲間とこの村に来ていた。1人は30代前半だが見た目は年齢より若く、高い声が印象的なよしのさんという女性。その友達の茶髪ロングヘアーでめっちゃタバコ吸うかおりさん。ワインソムリエの資格を持つだいちさん。特に女性陣2人は僕と地元が一緒で打ち解けるまでが早かった。

もしもの為にとバナナをバッグに入れて山へと歩きだす。町から外れると、民家がたくさん見えてきた。庭先から葡萄のつるが見える。ジョージア人は盆栽感覚で庭に葡萄を育てていると聞いてはいたが、さすがはワイン発祥の国だ。

それにしてもこのメンバー。まだみんなそれぞれを警戒している雰囲気で、お互いのパーソナルな部分に深く入り込んだ会話をしていない。そんな最中、学生時代に

野球部でキャプテンをしていた相方は周りの状況を見て何をすべきかを察知し、「たかしー、なんかゲームちょうだいよ」と言ってくる。一瞬ヒヤリとする。俺かよ。しかし、僕の経験上盛り上がらなかった事が一度もない、伝説の「1人マジカルバナナ」を披露。僕「マジカルバナナ、バナナと言ったら黄色~、黄色と言ったらバナナ~、バナナと言ったら黄色~」とバナナがループしている精密な計算が施されたボケをした。案の定、ボケは3日間は引きずるレベルでスベったので静かに歩くことを再開。次第に民家もなくなり、森に囲まれた獣道《けものみち》みたいになってきた。果たしてこの道は合っているのか、周りには僕ら以外誰もいない。スマホのマップアプリを見ながら相方が先陣を切っているので、誰もそれについては口出しをしなかった。すると徐々に一歩踏み出すのも辛くなる勾配に差しかかってきた。女性陣2人はきつそうだ。後ろに転がり落ちてもいい。後ろから僕が熱い抱擁をする準備はいつでもできている。とは思いつつ、膝がぐちゃぐちゃです。お

互い手を取り合わないといけない場面もチラホラ現れ、なんだか汗ばんできた。思い切って上着を脱いでTシャツ1枚になると、大自然の涼しい風を感じた。全裸で浴びたらもっと気持ちいいんだろうな。ポリスに捕まる覚悟で全裸になってやろうか。

2時間は歩いた頃。地面が雑草で生い茂り芝生のようになって来た。そして、視界に目的の教会が飛び込んでくる。風に靡《なび》く草が広がる山の上に、十字架をあしらった教会がぽつんと建っている。『アルプスの少女ハイジ』みたいな場所。無事に教会へと到着はしたが、こんな疲労困憊の状態で教会を見ても感じる事なんて何も無い。なんてとこに建てたんだ。しかし意外にも観光客はたくさんいる。車で来ている観光客は、なんとなく格好を見ればわかった。自分の足でここまで来たという理由だけで、僕はそいつらを完全に見下していた。山頂からはコーカサス山脈の山を背景にしたカズベク村が一望できる。山頂までは2時間半くらいだったか。小さく見える村を見て、山頂に来るまでかかった時間の割には結構登って来たんだと実感した。

山頂にはロバが何匹かうろついている。こんないい所に住んでいるのか、セレブめ。ちょっと芝生で横になると、ロバのう○この匂いがして、いい景色が台無しだ。コーカサス山脈に囲まれてするう○こはさぞかし最高だろうな。ポーカーフェイスで芝生を貪《むさぼ》るロバとそのう○こたちを背に、僕らは下山した。登りよりは辛くないが、僕の大好きなマジカルバナナをしている余裕はもうなかった。それよりもレディーファーストが大事になってくる。レディーファーストってどこまでボディタッチしていいのだろう。童貞（？）は思案する。僕が震えながら差し伸べた手を、よしのさんは不気味そうに掴み、一緒に下山。相方はブサイクの割にはこういうのを器用にこなし、かおりさんを上手くサポートしていた。無事に下山。宿に戻り、山登りのために我慢していた反動でタバコをばかばか吸ってしまう。夕飯を食べ終わると少し時間が空いた。またも何かを察知した相方が、「たかし、トランプ持ってるよね？」と言ってくる。僕はバッグからトランプを出す。僕の人生において一番自信のある「スピード」で勝負しましょう。かおりさんとやるも喫煙者とは思えないほどの素早い動きで僕は瞬殺されたので、アプリの人狼ゲームへと移行する。みんな疲れている割には夜遅くまで遊んでいた。折角、仲良くなれたのでみんな寝るのが惜しかったんだと僕は思っている。それに相方とかおりさんは、なんかの話で盛り上がっている。2人ともヘビースモーカーだし、なんだかお似合いじゃねえか。まあ、何はともあれ山に登って前よりも一層みんなの仲が深まった事が一番の収穫だったかな。

人それぞれのキャラクターや街の雰囲気。全てが良い思い出として昇華できる国

心星

まだ陽が昇る前の真っ暗な朝、カッパドキアのバスターミナルで我々は降ろされた。この前のジョージアで仲良くなった女性2人も含め計4人。あたりを見まわすと、暗闇でも周りが崖や変な形の岩に囲まれているのがわかった。宿をたらい回しにされるかのように転々としていると、やっと早朝でも部屋が空いている宿に辿り着いた。その宿のお兄ちゃんがなんとも気のいい奴で、ミッキーマウスよりミッキーマウスな口調で話してくる。「ボクのパパは昔日本に住んでたんだハハ！」「もう少ししたら起きてくると思うから紹介するねハハ！」そのパパが起きてくるまでに、ミッキーがカッパドキアのことを地図を交えて丁寧に紹介してくれる。本家よりいい奴だ（俺は本家に何かをしてもらったことはない）。彼が何度もカッパドキアの観光にバイクをオススメしてくるので、借りることにする。

陽も完全に昇り、崖に囲まれた町に光が差す。よしっ！　早速奇岩の絶景を見に行こう。俺らがミッキーパパを待たずに出発しようとすると、「パパがまだ起きてい

ないのにもう行っちゃうのかいハハ！」と言ってきた。流石にこんな悲しいハハ！　は聞いたことがなかったが、どうせ夕方には宿に戻ってくるのでここは一旦。バイクは2人乗りなのでどうやって乗ろう。考えていると、俺が片思いしていない方の子が「かおりん、心星のに乗りなよ」と言うではないか。いやいやいや、俺はまだこの気持ちを誰にも言っていないはずだぞ！　もう雰囲気でバレたか？　ゴンゴンに焦った。俺は過剰に意識している。

奇岩は『スター・ウォーズ』の惑星みたいだし、点在するお店のトルコランプやトルコ絨毯の彩りや店員の笑顔はまるで遊園地。異国情緒を味わわせてくれるムードを纏《まと》っていた。バイクで颯爽と風を感じつつ、写真を撮ったり景色を見たり、急に現れた何ヵ月ぶりかのマクドナルドに大興奮したり。宿に帰り噂のミッキーパパに挨拶。さすが日本に住んでいただけあり、日本語が堪能でビックリした。それもかなりハンサム。チラッと女性陣に視線を向ける。俺は過剰に意識している。パパ推薦の店で腹を満たし後は夜景を見に展望台へ。頂上に登ると、日本のゲームセンターにも置いてあるパンチングマシンがあった。現地の若者や観光客が群がりパンチの重さを競っている。あんまこういうの人前でやるのは得意じゃないけど、ここは外国だし、力比べなら体つきの割には自信があったので、「俺らにもやらせろ」と若者たちに対決を挑むことにした。トルコにいるとそんな安直なノリが許されるような気がする。案の定、男たちは大歓迎。引きで見た絵面は映画『ファイト・クラブ』そのものだ。よく見ると数値が出る画面には「Today's Best」の数値。あれを超せばヒーローってか。よく考えると女子2人見てんじゃん。俺は過剰に意識している。助走はかなり少なめに、そして思いっきり全体重を踏み込んでパンチを繰り出す。すると少しの間が空いて上の画面からなんとも安っぽい音が流れ、それに呼応するかのように男たちが大歓声をあげる。どうやら「Today's Best」を更新したらしい。周りの男たちが俺に握手を求めてくる。「こんな腕でなんであんな記録が出せるんだ！　ジャパニーズカラテか！」威勢よく色々尋ねられる。トルコ人って元気。いちいち丁寧に対応するのはしんどいので適当にあしらってその場を後にする。とりあえず、この大事な時期にダサいところを見せなくてよかったじゃないか。ひと仕事終えた後の夜景には中東らしさを感じたが、結局景色よりパンチングマシンの余韻に浸りながら宿へと帰り、すぐに眠りについた。

次の日の早朝、カッパドキア名物の気球を写真に収めたくて、眠い目をこすりながら無理矢理自らの体をベッドから剥がす。みんなで昨晩と同じ展望台へと向う。まだ気球は飛んでいなかった。寒い中、タバコを吸ってその時を待つ。すると朝日と同時に無数の気球があちこちから現れてきた。最初は自分たちより低いところにいた気球が、どんどん自分たちの目線より高く、高くへと飛んでいく。奇岩群と朝日と気球。色々と旅してきたが、こんなに自然と人工がうまくマッチして生まれた幻想的な景色は今までにはなかったかも。堪らない。視線の先が気球から、つい気になる方へと動いてしまう。笑っていた。よかった。俺はここ最近、過剰に意識しすぎて、わけわかんなくなってきている。

どんな人でも受け入れて、絶対に排他的な顔をしないのがこの国の人の気質。逆に厚かましく感じる時さえあるが、とにかく笑顔を向けてくれるのがいい。笑顔から始まるコミュニケーションの良さって、日本にいると忘れがちだけど、それがすごく大事なことだと気づかせてくれる。トルコはそんな、人の笑顔が濃い国であった。

僕に対しては強気な相方 でもエーゲ海で恋する相方はどこか弱気だ (高)

相方の恋愛ほど気持ち悪いものはない。ギリシャでそれを知った。僕らはギリシャのサントリーニ島にやってきた。サントリーニ島は真っ青なエーゲ海に囲まれ、広がる青空の下、白塗りの壁に青い屋根の建物が無数にある島。日本人にも有名な島だ。そんな青と白のコントラストが美しい街で繰り広げられる相方の恋愛ほど気持ちの悪いものはない。ハネムーンとしても有名なこの街にヒゲ坊主と金髪ロン毛の男2人、だけじゃない。ここに来る前の2ヵ国を共に旅したよしのさんとかおりさん、2人の女性を引き連れての参戦だ。しかしよしのさんは長いこと付き合ってる彼氏がいるようで、お触りはご法度。むしろ手を出す勇気がない。いやチャンスがあれば行くか。彼女らと2週間ぐらいは共に行動していたのと、2人の住んでいる地元が僕の実家から近いということもあって、お互いの容姿をディスりあえるぐらいの仲になっていた。サントリーニ島は毎日がカラッと晴れて、日差しが強い。僕と相方は上半身裸、下は海パンにサンダルでも少し暑いと感じるくらいの気温。合法ならば全裸になり

たい。レンタカーを1台貸りて小高い丘に行きエーゲ海を見る。崖の上からエーゲ海を見る。街中から夕焼けに染まるエーゲ海を見る。常に視界の先にはエーゲ海があった気がする。宿は4人一緒の部屋で、暇さえあればトランプやUNOをして遊んだ。

　そんなある日、夜な夜な相方とかおりさんが2人っきりで出掛けた日があった。布団を被っていた僕は小さな隙間からその様子をのぞいていた。僕の目はごまかせないのだ。しかもこれだけじゃない。以前からこの2人はいい感じの関係になっている事にインテリジェントな僕は気づいていた。よしのさんと僕は、裏でこの相方のイチャつきについて話し合う機会が何回かあった。相方がイチャつく度、僕はよしのさんとの会話が増えて嬉しい。そして場面は変わり相方と僕が2人っきりでドライブをしている時、「俺、ねえさん（かおりさん）のこと好きだわ。でも今はつきあわないで日本に帰ってから告白するから待ってて」とかおりさんに伝えた事をまじまじと話された。僕は内心、呆気にとられたので、

「どうゆーこと?」と相方にさらに詳しく聞いた。どうやら、これからまだしばらく続く僕らの世界一周中に事故や何かしらのトラブルに巻き込まれた時、かおりさんに心配をかけたくないらしい。だから生きて日本に帰ってから告白するというのだ。

「誰が何を言ってんだ」と僕は心の中で笑っていた。そしてサントリーニ島からフェリーに乗ってアテネに向かう。アテネオリンピックのあのアテネだ。アテネの空港で、僕らと長らく一緒に行動した2人の女性とはお別れの予定だった。フェリーのテラスから見える海の景色を見よう! かわりばんこに2人ずつ交代で見に行く。相方とかおりさんの2人組が先にテラスに行き、僕とよしのさんは荷物番をする。よしのさんが僕に「心星は結局告白しないの?」と聞いてきて、「しないみたいだよー」と僕は返答する。するとよしのさんはそれに納得がいかないご様子でなんとかして相方に告白させたいようだ。よしのさんから僕は恋のキューピット係に任命された。いや、年上の女性の圧力に押し潰されたのだ。

アテネに着くまでの間、またいつものように4人でUNOをする。ただ淡々とUNOをしているので相方が「たかし、なんか話の話題でもちょうだいよ~」と僕に無茶ぶりしてくる。これは絶好のチャンスだ。僕は「心星は好きな人とかいるの？」と話題を提供してあげた。たまには攻撃させろ。現場に緊張感が走る。相方から出てくる言葉を一語一句逃すまいと、女性2人も相方の事を見つめていた。するとこの前のドライブ中に僕に言ってきた事と同じセリフ「俺、ねえさんのこと好きなんだわ」と堂々言った。僕は「今、告白しちゃいなよ。気持ちが冷めないうちに」と後押しする。すると、「ちょっと、席外していい？」と、相方がかおりさんと2人っきりでテラスに行き、10分ぐらいしたら戻ってきた。相方は少しニヤケて「つきあいました」と僕らに言ってきた。ああ、気持ち悪い！！！　船酔いじゃないのに吐きそう。アテネ空港に着いて、僕らと女性2人はお別れだ。相方とかおりさんが、最後に抱き合う姿を僕らの目の前で見せてくる。1年半という長い旅路で一度くらいこういうのがあってもいいのか。こうなると恋のキューピットをした甲斐があったが、やはり相方の恋愛ほど気持ちの悪いことはない。今すぐ2人に離れてほしいと思った。2人と別れて、僕と相方はバスに乗り再び世界一周の続きを始める。相方はファンキーモンキーベイビーズの『告白』のサビである「大好きだ、大好きだ、それ以上の言葉を〜♪」と窓を眺めながら口ずさんでいた。ああダメだ、しんどい。

61/74

マケドニア

ギリシャで売店のおっさんが「次はどこへ行くんだい」と聞いて来た。「マケドニアに行くよ」と言うとおっさんは怪訝な顔つきで「あそこはギリシャだ」と言って奥に入ってしまった。マケドニアとギリシャの歴史は少し複雑らしい。

62/74

コソボ

コソボは2008年に独立宣言した国だが、実は未だに一部の先輩国から国家として承認を受けていなかったりする。個人的には「やりたい」と言ってる人には、できるだけ背中を押してあげたい性格なので、応援する。

63/74

モンテネグロ

真っ暗なド深夜、午前2時に到着。「あと1ヶ月で旅も終了だな」。弾むわけのない会話を始める。煙草の煙とは別に白い吐息が漏れるバスターミナル。何だろう、もっとこれが続けばいいのに。辛い時間のはずなのに。

64/74

クロアチア

『魔女の宅急便』のモデルと言われるドゥブロヴニクの町。世界的にもハネムーンやデートのスポットとして有名なここで、我々は大量のカップルの眼前に座り、持参のスピーカーから松任谷由実の『やさしさに包まれたなら』を流し、一番人の賑わう防波堤の先端で高士と肩を寄せ合って将来について語る、という危険行動を幾度となく繰り返した。もはや反政府運動。ゲリラ活動。「What?」と言いたげな外人カップルたち。ざまあ見ろ、ばーか。

65/74

ボスニア・ヘルツェゴヴィナ

ここでこの旅の最短滞在時間を記録。その時間は10分。クロアチア内に他国の飛び地があると聞き一瞬入国。ガソリンスタンドで給油して足早に去る。酒井軍団の写真だけは忘るまじと迅速に。

ギリシャの
サントリーニ島
↓
ハンガリーの
首都ブダペスト
37時間30分
(2188km)

相方に連れまわされた先に待っていたのは 真珠のような夜景と伝説の豚

(高士)

ギリシャからバスで北上し、東ヨーロッパの5ヵ国はほぼ観光もせずに超弾丸で通過してきた。相方は「ハンガリーまで行けばゆっくりできる」と僕に言ってくるので、僕も相方の言葉を信じて激しい移動に耐えていた。もう世界一周も終盤に差し掛かってんだからゆっくりさせて欲しいよ。首都ブダペストにバスは到着した。外は少し肌寒い。なんか厚着しちゃうと電車の中で暑くなるし、かと言って薄着は寒いし、みたいなあの気温。宿に向かう途中でザ・ノース・フェイスのショップがあった。それを見た相方が「ちょっと見ていい?」と言って僕にバックパックを預け店内に入って行く。僕は肌寒い中、荷物番をする。今まで幾度となく相方に荷物番を頼まれてきたことで、天皇陛下を守れるくらいのスキルはついたはず。相方が店から大きな紙袋を持ちながら出てきて一言「マウンテンパーカー、全然日本より安かったわ」。そんなことより早く宿でゆっくりさせてくれ。上機嫌でうざい奴と共にようやく宿に着いた。

「アンダンテホステル」という日本人宿。山口県出身のとても優しい年配男性がオーナーだ。宿のホワイトボードには、毎日日替わりでオーナーが作ってくれる晩ご飯の献立が書かれている。ホワイトボードには「マンガリッツァ」と書かれていた。なんだそれは？　オーナーに尋ねた。「マンガリッツァ」はハンガリーでは有名な品種の豚でとても美味しいらしい。これは今晩の夕飯は見逃せないな。

部屋に入るとすぐにベッドに横になりくつろいだ。相方は疲れていないのか、何やらずっとスマホとにらめっこしている。そしてベッドで横になってからまだ10分もしないうちに「よし、古着屋巡りするぞ」と言う相方に連行された。こいつは自分で言った「ハンガリーまで行けばゆっくりできる」という発言を覚えていないのか。

相方が事前にネットで調べた古着屋地帯にやってきた。ハンガリーの古着屋は日本とほとんど変わらない。ハンガーにはズラーッと服がかけてあり、棚にはスニーカーが大量に置いてある。唯一、違うとしたら値段くらいか。ハンガリーの物価が安いことに比例して場所によっては古着も安かった。日本では5、6千円はしそうな古着が200円くらいで買えてしまう。これには相方も興奮してバイヤーかと思うくらい古着屋をまわっていく。夕飯の「マンガリッツァ」に間に合うといいが。最初の方は僕も一緒に店内に入っていたが、後半は外で待っていた。ハンガリーの美男美女に混じって日本のブスが小脇に服を抱えて試着室を行き来している。楽しそうで何よりだ。だいぶ古着屋を巡ったところで、「お前に合うスニーカーも、ちょっと探すか」と相方。いやいや、俺との温度差に気づいてくれ。俺のスニーカーより「マンガリッツァ」の事を気にしてくれ。頼んでもないのに、今度は僕のスタイリングまで始めやがった。古着屋巡りラウンド2突入です。パチンコだったら嬉しいんだけどな。ファッションモンスターは、調べておいた古着屋リストを巡り終わった後も、まだ諦めないのか、オフラインで使えるマップで周辺の古着屋を探し始める。もう外は真っ暗だ。

やっと古着屋巡りが終わったと思ったら、今度はハンガリーの夜景を見に行くことに。僕は夕飯の「マンガリッツァ」の事で頭が吹っ飛びそう。でもハンガリーの夜景を見てそれどころじゃなくなった。ブタペストはブタ地区とドナウ川を挟んでペスト地区に分かれており、その二つの地区を繋ぐ橋ができてブタペストとなった。こんな知識僕にはあるわけはなく、相方が僕の横で言っていたことをそのまま引用させてもらっている。このドナウ川に架かる橋、ドナウ川沿いにある国会議事堂、王宮

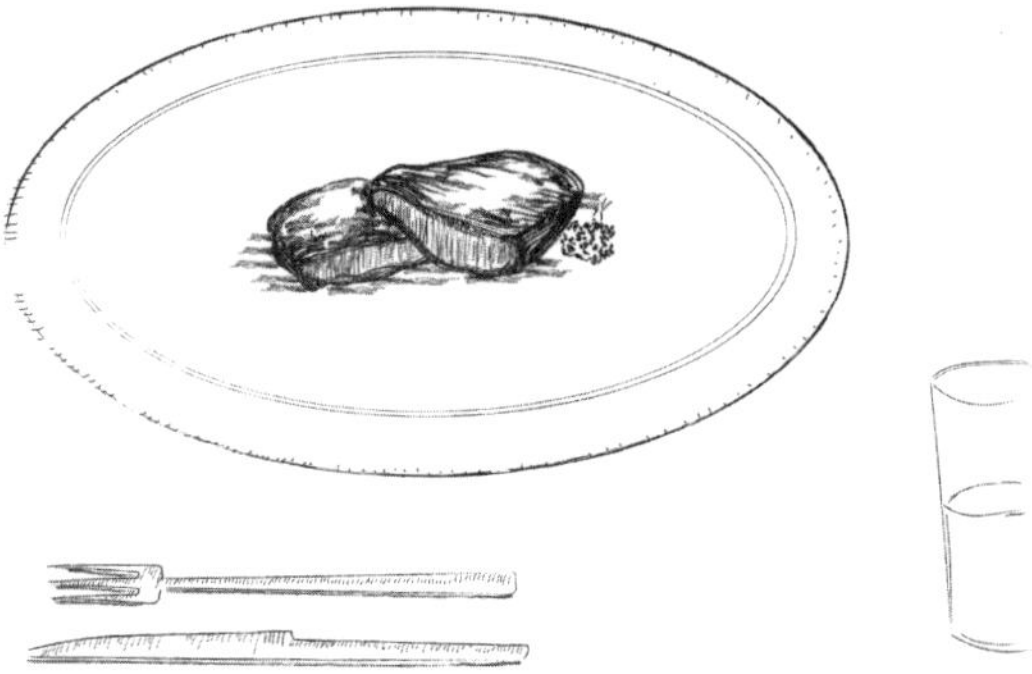

の3つは、夜になるとライトアップされてとてつもない輝きを放つ。その輝きはとどまる事を知らず、その反射でドナウ川をも輝かせてしまう。建物ってこんなに光るんだってくらい神々しいが、電気代が高くつきそうで僕は心配だ。

やばい、夕飯の時間に間に合うかどうか微妙だ。急ぎ足で宿に帰宅すると、宿泊者たちとオーナーの目の前には食べ終わった肉の脂がついた皿が置かれている。え？　マジ？　ハァー。疲れたしもう寝ようかな。するとオーナーが「少しだけど肉、とっておいたよ」と僕らに「マンガリッツァ」を差し出してくれた。口に入れた瞬間、旨味が口の中に広がる。普通の豚肉より柔らかく、でも油っぽくない舌触り、さっぱりしていた。ハンガリーにいても日本の心を忘れていないオーナーがそこにはいた。美味しい肉と美しい夜景と物価の安さと言ったら、僕らの旅したヨーロッパの中でもダントツに良かった。相方に言われる前に……。オーナー、ご馳走様でした！

67/74

スロバキア

首都プラチスラバはタワマンが建ち並び、クレーン車が常に稼働するシムシティ感が印象的な街。個人的には実家の近くにスロバキア大使館があることから、街中に掲げられる国旗を見て、「あそこはずっとここと繋がってたんだ」と幼い頃の伏線を回収でき、今までに一度も感じたことのない感情に包まれた。目に映る全てのものは、あの大使館と繋がっていたんだ。高士には無くて俺にはある、特別な感情。

68/74

オーストリア

空港で久々に幼馴染みの菜々子に電話をした。旅中この電話をこいつにする時は決まって自分が辛い時だ。やっと楽しくも辛かった旅が終わるのに、なんで今こんなに辛いのか分からなかった。でもこうやって本を書いている今ならわかる。日本に帰ったらやること山積みで、それが徐々に視界に入って来ようとしていたからだ。離れすぎた現実が怖かったんだ、と。

69/74

ウクライナ

美女大国。さすがにいる人みんなが美女とは言えないものの、ある、金髪美女を空港で見つけ、「ロシア系ではあるがどこか東欧の雰囲気も感じられる気品のある顔立ち」「そしてクソエロい」と気品のカケラも持ち合わせていない隣の変態がボソボソ呟いている。それでいて物価も格段に安い。目と懐の保養ができる、どうでもいい時に溺れてしまいたい国。もう一度行くのであれば、必ずや一人でいこう。

70/74

ヨルダン

これこれこれ！　この中東特有の彫りの深い顔。みんな顔が阿部寛。自分たちの柄ではない綺麗な街を数ヵ月周って来て、ぶっちゃけ刺激が足りていなかった。前もこんなんあったな。この危うげな感じ。危険を楽しみ始めてはよくはない。よくはないけど、こういう国で我々は頭のネジを吹っ飛ばしてしまうのである。

この瞬間の空気感を忘れてはいけない気がした

心星

キリスト、イスラム、ユダヤという宗教の聖地が同時に集うイスラエル。日本のように「神様？　なにそれ、美味しいの？」みたい人が多い国からすればイスラエルの中心部、特にエルサレムという町の、宗教が濃縮された空気感は、恐縮せずはいられない雰囲気に感じるだろう。

南中高度がこのあたりでは低く設定されているのか、科学を黙殺するようだが、太陽が近すぎて暑く感じる。少し前まで東欧の冷たい空気の中を生活していたからなのか、気温のギャップに気持ちが折れかけた。砂漠のど真ん中に位置するヨルダンの出国検査は無事に終えられた。次は、旅人の中では有名なイスラエルの厳しい入国検査へと向かう。そして俺と横にいるヒゲの童貞（？）は、案の定引っかかってしまった。イスラエルの時点で、パスポートに押されている入国スタンプの数は70ヵ国分。もはやＣＩＡか工作員だろ、こんなもん。イーサン・ハントか。パンパンになったパスポートと俺らの顔を交互に見ながら、入国検査官のハンサムは質問とい

うより尋問に近いニュアンスであれこれ聞いてくる。なんでこんなに検査官というは不愛想なのか。うちの小心者の相方が、出入国の度にスマホのバイブレーション機能みたいに震えちゃうじゃないか。怖がらなくていいんだよ。結局、俺らは別室に連行された。個人的には別室送りなんぞ、この旅を経て慣れたもんで、別に焦りはない。旅の終盤になって思わぬ事態に対して着実に逞《たくま》しくなっていた。同じバスで来た乗客たちは先に行ってしまい、俺らは置いてけぼりに。「イスラエルでお前のキューバの話をしたら、秘密警察とかに連行されんじゃない」と高士を脅かすと、次は高士の体が電マぐらいけたたましく震えだした。俺より怯えるやつがいると心底ホッとする。最低だな、俺や人は。そこから6時間ほど放置され、どこの国にも属さない時間が流れる。もうそろそろ痺れが切れそうだなと思っていると、急に部屋に入って来た検査官に質問されることもなく「行っていいよ〜」と言われた。なんだこれ。日本に帰ったらお母さんに言いつけてやる。

あたりが暗くなり始める、薄暮時。エルサレムの宿に無事に到着した。町は城壁に囲まれており、メインの門の周りには軍隊が配備されていて厳重な姿勢を見せている。宗教が混在するこの町では、いつなにが起きても不思議ではないのはここにいる人たちにとっては周知の事実なのだろう。町の中心には社会の教科書で見たことのある「嘆きの壁」があった。ユダヤ教の信者はこの「嘆きの壁」を神聖なものとしているのだが、それはとても悲しい歴史があったから。このいくつもの石を積み重ねてできた大きな壁は、名を体で表しているのだ。近くで見ていると、ユダヤ教の信者が壁に額や鼻をつけてなにか呟いている。手には聖書を持っている人もいて、こんなにデリケートな部分を見ることもそうないので、その場所にいる間、俺と高士はただただ神妙な面持ちで様子を見つめることしかできなかった。そして、その壁の上には「岩のドーム」というイスラム教の聖地がある。なぜこの2つがこんな近くに位置し合っているのか。実はこれにも悲しい歴史がある。他にもイエス・キリストが復活したと言われる教会もあり、ここはほんとに聖なるものが濃く、圧倒的な存在感を放っている場所だということは、この町を1日歩けば身に染みてわかる。

エルサレムの宿に荷物を置き、次の日は有名な「死海」に行くことに。宿であった日本人の2人を加えた4人で一緒に死海でわちゃわちゃ楽しく遊ぶわけだが、あまり明るい気持ちではいられなかった。何故なら、死海へ向かう往復4時間のこのバスが、我々の一年半にも及ぶ旅の最後のバスになるからだ。これで残すはUAEと台湾だけ。その2ヵ国でバスに乗る予定は特にないので、このバス移動が最後になるのは明白だった。今までの1063時間にも及ぶバス移動の最後。実感が湧かないが、この時だけは絶対に寝てはいけない気がした。誰かにそう言われている気さえした。高士との溝が出来れば、バスでイヤホンを耳に突っ込んで一人になって落ち着いて、少しばかりの反省ができた。街中にいたら出会えもしなかっただろう絶景は、いつもバスの車窓の向こうだった。バスが休憩に入れば、同じバスに乗っているというだけで生まれる連帯感とタバコで仲良くなれた人がいた。子供の時は車酔いが激しかった俺には憎い敵だったバスは、21歳の俺には、取り替えがきかない存在となっていた。

塩分の濃すぎる死海は、前情報通りに楽しめた。泳ぎが苦手な高士を、「水泳の授業だ」と言い聞かせ、思い切り海底に沈めたら、勢いよく海面に飛び出してきて、「海水が濃すぎて鼻が溶けた、鼻のなにかの機能失った」と言っていたのには爆笑した。しかしながら、旅の終わりが近づいていることに気づいてしまっている俺は、なにかが引っかかって「存分に楽しんでいる」とは乖離《かいり》した表情をしてしまったのではないかと、今では少し反省している。帰りのバスを降りた後のエルサレムへの帰路、高士に「俺らのバス移動、全部終わったの知ってた?」と聞くと、「ああそれ、俺も思ってた」と言われた。読んでいる人には、すごく些細な事だと思われてしまうかもしれないが、あの時の気持ちを照れずに白状すると、すごく嬉しかった。高士、お前がそのことを俺から告げられずともわかっていたことが、堪らなく嬉しかったんだよ。

あの時はもう旅が終わるという感傷にふけるあまり、頭が追いつかなくて。遠かった日本が近づいてくるのが怖いとすら思っていた。でもそんな時だからこそ、あの町の厳かな雰囲気が俺ら心情に合っていたんだと思う。

感謝せずにはいられない国になった。

72/74

パレスチナ

名前を聞いたことがない人はいないだろう。パレスチナへ足を運び、イスラエル側の領土へ戻るバスの中。バスは関所のようなところで一度止まり、警官や軍人のような人たちが入ってきて乗客に身分の証明を求めてきた。そんな折、身分を証明できなかった現地人の男性が強制的に手を引っ張られ関所の奥に連行された。彼は運賃を払っていたのにバスは出発する。怖いものを見た。いつの日かこんな無意味なことが起こらない日が来るのだろうか。

73/74

U.A.E.

オイルマネーのおかげで本当にリッチな国。なんせ空港の待合所では「ビンゴで当たれば高級車あげちゃうぞ！」キャンペーンをやっているし、ラウンジに至っては至れり尽くせりのご飯やサービス。次の飛行機で乗り物酔いをもよおす程の料理を食べて、日本食の恋しさが薄れていくのでこれでほんとにいいのか、なんて思ったりして。ここではもう日本帰国まで1週間を切っていて、心境が複雑すぎてあんまり思い出がない気もしたり。

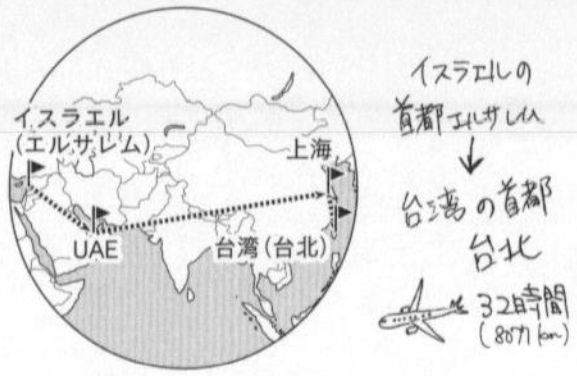

相方が点々と落としていった物はタピオカみたいに可愛い物ではなかった 高士

世界一周最後の国、台湾。次、僕らの乗る飛行機は日本へと向かうんだ。もう旅っていうより海外旅行の感覚になっていたが、そんな気の緩みが相方に悲劇（喜劇）をもたらす。

僕らは台湾桃園国際空港に到着し、電車で台北市内へ。電車を降り、歩いてカプセルホテルまで向かう途中でセブンイレブンを発見。入口にガチャガチャが置いてあるぞ。なんか安心するなあ。宿に着いて少しダラダラした後、美味しいと評判の店へ。古くて狭いのに店内は客でいっぱいだ。運ばれてきたルーローファンは、白米の上にコロコロした小さな肉が沢山のっていた。レンゲで口の中にかき込む。肉には甘じょっぱいタレの味付けがしてあり、日本人好みの味。台湾ならもう何食っても失敗しないんじゃないか。

台湾旅行最終日は古着屋巡りをする。もうほんと、日本での休日としていることが一緒だ。地下鉄に乗って、古着屋エリアへ。ガラクタだらけの何を修理しているか

わからない汚い店、シャッターが閉まった建物が多数見られる。すると急に現れるおしゃれな古着屋。汚い、古い、おしゃれ古着屋、汚い、古い、おしゃれ古着屋みたいなリズムで建物と古着屋がまざって並んでいる。結構いい値段だったのであっという間に古着屋巡り終了。

持て余した時間を台北のショッピングモールでブラブラする。ショッピングモールを出て外の喫煙所で相方とタバコを吸っていると、急に相方が「やばい、う○こ漏れたわ」と冷静に僕に言い放ち、吸いかけのタバコを僕に渡して右足を引きづりながら再びショッピングモールの中へと消えて行った。「は?」目の前のキモすぎる状況が急過ぎてうまく掴めない。旅の指揮官であり、旅中彼が大きなミスをしている所は見た事がなかったので、内心ガッツポーズが止まらない。俺に強く言ってきたバチが当たったんだと思うんです。僕はタバコを吸い終え、Wi-Fiなしでは相方と連絡が取れないので、とりあえずショッピングモールの中で一番近いトイレに相方がいるだろうと予測し、救助に向かう。ショッピングモールに入ると、なんと真っ白な床に茶色いドットが点々とあるではないか。まさかと思いそれを辿っていくとトイレへと到着した。童話のヘンゼルとグレーテルがお菓子の家に行くまでのシステムと全く一緒だった。相方には隠された技がまだあったらしい。

　2つある個室のうち1つが閉まっており、僕が「心星入ってる?」と声をかけると、「なんでわかった? ちょっと外で待っててー」と返事があった。気の緩みからくる肛門の緩みなのか。何事もなかったように相方が戻って来る。相方は平然とした顔をして、服装にも特に異変は見られなかった。そして冷静な顔と口調で僕に「早く宿に帰るぞ」と言う。う○こを漏らしてこんなにも平然といられるのは、今まで世界一周中にたくさんのハプニングを切り抜けてきた経験の賜物だ。良いものを見せてもらった。宿までの帰りの電車で端の座席が2人分ちょうど空いていて、相方が先に座る。僕は相方の隣の空いている座席には座らず正面に立ち、手すりに掴まっていた。う○こを漏らした奴の隣には座りたくなかったからだ。すると相方が僕に「俺の横に座れって、隣に来る人が嫌な思いしたらどうすんの」と真顔で怒ってきた。僕はまだまだ考えが子供だったようだ(ほんと、やれやれだぜ)。宿に戻ると、相方が物凄い早さでシャワー室へと駆けこむ。

次の日、僕らはチェックアウトの手続きを済ませ、荷物をまとめ空港へと向かった。一気に肩の力が抜けた気がする。思い返せば長い旅だった。こんなにも家族、地元の友達と会えない期間が続いた事はない。早く実家の飯が食べたい、地元の友達とバカ話をして笑い合いたい。紛失物は多々あれど、生きて帰れるんだ。すっかり、価値観が変わってしまったから、当たり前の日本の光景にしばらくは感動しているんだろうなって思う。そして何よりも腐った目をした相方から解放される。

僕らは世界一周中に出会った日本人に再会しながら東京へ戻ろうと前々から計画をしていた。その関係で最初は福岡に降り立つ予定だ。空港へ到着して、僕らはチェックイン手続きをする。モニターには「福岡」の2文字。もうわけのわからない行き先じゃないんだ。日本人がいて、日本語に溢れ、日本食が食べられる。考えただけで幸せだ。安倍首相、悪さはしないのでどうかこんな汚らしい見た目の僕と相方を日本国へと受け入れて下さい。ついに台湾出国のスタンプが押された。これで世界一周は終わった。まっさらだった僕と相方のパスポートは、今や74ヵ国のスタンプで埋め尽くされていた。

高士日記

［キルギス］

ターミナル行きのバスの番号を教えた。おじいちゃんはケータイ・パソコン
などの電子機器を持っていないので全てアナログ式のようだ。
おじいちゃんに満月の湖はどうだったのか聞くと、月の
反射であまり良くなかったらしい。「2、3分で終わりますから
少し話してもいいですか？」とおじいちゃんの今まで行った所で
良かった場所を僕とあつしさんは2、30分くらい聞かされた。
話し終えるとおじいちゃんはベランダに行き、ベランダで寝て
いた。おじいちゃんは我々がシェアしてみんなで食べている飯
も食べない。気になってベランダにいるおじいちゃんを見に行
くと袋に手をつっこんで何かを食べていた。指をチパチパ
なめている。変な物を食べて体調を崩さないか心配だ。
ベランダでタバコを吸いながらおじいちゃんと少し話をし
た。おじいちゃんはさっきと同じ話を僕にしてくれた。オチの
つけかたが分からないおじいちゃんは延々と喋ってしまうの
で僕が"やっぱり世界中色々周っても日本が一番ですよ"
とオチに向かおうとするがまただらだらとおじいちゃんが話
してしまうので悪いが僕は"じゃあ、中に戻りますね"と無理
やり話を終わらせた。おじいちゃんは"わざわざ話してくれ
てすいませんね"と言う。謙虚すぎる。

- simカード購入
- 噂のおじいちゃんが帰ってくる
- オチのないおじいちゃんの喋り

「ニジャップ」

高士日記

［キルギス］

一番、興味を引かれたのが おじいちゃんが 初めて会う日本人に対して言う最初の ひと言である。そのひと言とは「もしもし ジャップですか？」と聞いてくるらしい。（“ジャップ”は日系人、日本人を差す差別用語である。）。その噂のおじいちゃんが満月の湖を見て帰ってきた。玄関の扉が開く音がして おじいちゃんとの対面に少し緊張する。ゆっくりとおじいちゃんの姿が見えてきた。頭は白髪でハゲ散らかし、口周りには白いヒゲが生えっぱなし、歯はほとんどない。キャリー付の変なやつに 70ℓくらいのバックパックを乗せて引いている。僕と目が合い “どうも～”と言う。“もしもし ジャップですか？”って言わんのかい。普通の挨拶をされたので、僕から“どうもジャップです”と言うと おじいちゃんは“私はモンオー ジャップです”と新ワードが出てきた。これは藤本さんの解説によるとおじいちゃんは自分を地位の低い人間だという事を伝えたかったらしく、直訳すると『私はジャップより低い地位のモンオージャップです』というのが伝えたかったらしい。まずジャップにランクがあるのを初めて知った。おじいちゃんはベランダに荷物を置いて 僕とあつしさんの間に割りり込んで日本語で書かれた白黒のビシュケク周辺の地図を見せてきた。そして“アルマトイへはどうやって行けばいいんですかね？”と尋ねてきた。ビシュケクではつい最近 バスターミナルまで行く新経路バスが運般をした。バスターミナルまで行けばアルマトイ行きの客引きがたくさんいるから大丈夫だろうと思

高士日記

[イスラエル]

するとも乗り合いタクシーが目の前に停まりエルサレムまで連れて行ってくれるという。我々はバスがいつ来るのかも読めなかったのでその乗り合いタクシーに乗った。9人乗りだが我々4人しか乗っていない。ドライバーのおっちゃんはもっと乗客を乗せたいがために同じ道を3回も通り、「No!」と言ってるのに同じ客に3回も声を掛けていた。結局誰も乗らず我々4人でしばらく走り、途中から3人くらい乗客が増えた。エルサレムへ着き、つよしさん、あやこさんと別れ、我々は"嘆きの壁"を見に行く事にした。

嘆きの壁は結構観光客がバシバシ写真を撮っており気まずい雰囲気ではなかった。嘆くエリアが男性用、女性用で分かれている。女性用の方に僕は飛び込んで暴れたい。宿に戻るとつよしさん、あやこさんが宿をチェックアウトする準備をしていた。そしてお別れした。夕飯はパンと白いソースピンク色に染められたコールスロー。これに昨日はソーセージだったが今日は魚のフライで美味しい。魚のフライが有るか無いかで喜びは大分違ってくると思う。相方は寝て僕は共用スペースで作業をしていた。スペイン語を話す女3、男1の若い4人グループがおりワンチャンSEXできないか期待していたが何も起こらず終わった。すると昨晩チラッと見た日本人女性らしき人が僕の隣に座ってスマホをずっといじっている。これは脈アリか。その女性は若くてきれい色白黒髪ロング。僕は勇気を出して声をかけた。僕「すいません、日本人ですか?」若い女性「はい。」。その後も僕は女性にちょくちょく質問するが、女性はスマホで仕事先と連絡をとっているらしく会話がはずまない。しばらくして女性は部屋に戻り寝てしまった。

- つよしさんとバナナ
- 死海
- 相方を殺すと誓った
- 嘆きの壁
- 若い女性

☆

「死海」

11 Oct 2018 Thursday 元気

朝方に宿をチェックアウトした。トラム(路面電車)に乗って、空港まで行くバスが出る場所に向かおうとしたがトラムの券売機が2台のうち1台がエラーで壊れていたせいで1台に群がる現地人。これでは時間がかかると思いお金はかかるがTAXIでバス停まで行くことにした。TAXIを使ったせいで現地の

高士日記

［イスラエル］

Date

10 Oct. 2018 Wednesday 元気

予定通り起き身仕度をして共用スペースでつよしさんとあやこさんを待つ。するとつよしさんが現れ手にはバナナを抱え僕らにバナナをくれる。つよしさんがバナナを持つとゴリラだ。つよしさんとあやこさんは朝早くに出掛けていたらしい。トラム(路面電車)とバスを使い死海へ行く。死海近くのバス停で降りる。帰りのバスの時刻を事前に見ておく事にした。帰りのバス停には日本人カップルが1組いた。そのカップルとは特に話す事もなく我々は死海へ向かい歩く。死海周辺の景色は草木の生えていない茶色の山が大きくそびえていた。リゾート地でもある事から大きなホテルもありキレイな建物が多かった。ここらへんは国内の中でも物価が高いので我々は事前に飲み物と軽食を買っておいた。死海に到着。日差しが強く海日和だ。ビキニのちゃん姉もたくさん。荷物を1つの場所にまとめて水着に着がえる。つよしさんの胸毛と腹毛の剛毛さに驚いた。さすが沖縄出身。僕が毛が濃いでイジられていたのがバカらしく思えてきた。さて死海はどんな人間でも本当に浮くのか。カナヅチの僕でも浮く事ができるのだろうか。これは僕自身が実際に体験しなければ気が済まない。いざ入水。まず温かい。体を仰向けにして死海にすべてをあずけた。浮いた! 死海めちゃくちゃ楽しい。5mも泳げない僕が永遠と浮いている。海中で直立の姿勢になっても直立のまま浮いているのだ。しばらく時間が経ち気づく。死海って浮くことしかやることなくね? すると近くに相方が寄ってきて、溺れる事がなく余裕をこいては僕の頭をおさえつけ「死海って本当に沈まないのかな?」と言い僕を死海へ沈めた。力づくで沈めれば一瞬は沈むがすぐに全身浮く。しかし死海は塩分が鬼高いので、僕は目が開けられなくなり、のどと鼻の穴は焼けるように痛い。相方はそれを見てケラケラ笑っている。まじで殺すと心の中で誓った。とりあえず、目の見えない僕は耳から聞こえる相方の声で相方の位置情報を予測して逃げる事にした。しかしすぐに相方につかまり2度目の死海へ沈められた。やられてばかりでは割に合わないのですぐさま相方の体をつかむが逃げられてしまった。相方の攻撃はおさまらないので陸へ向かいシャワー場を目指すも体が浮いてしまい中々陸へたどり着けない。やっとの思いで陸へ着き、無理やり目を開きシャワー場を目指す。シャワーで洗い流し命に別状はなかった。死海は溺れて死ぬ事はないが下手したら死ぬぐらい塩分が高い。シャワーで洗い流した後ものどと鼻の穴は痛みが消えなく、鼻水が止まらない!!鼻がぶっ壊れた。事前に確認したバスの時刻通り、バス停に行くがバスが来ない。

SPIN OFF_01

この時だけは旅人ではなかった。

一年半という長い旅の期間で、僕らが「旅人」ではない「何者か」になった一瞬を振り返りたい。

オーストラリア

ワーホリ定住編

出発前からこの国で半年間仕事をしながら定住しようと決めていた。それなのにどうしちまったんだよ、相方！　仕事も何にも決らないまま入国しちまってんじゃねーか！　いつもの相方ならしっかり計画を立てて、バスガイドみたいに俺のこと誘導してくれるじゃねえかよ。相方の顔を覗き込み、本物かどうか確かめてみる。左右の目は顔の両端ギリギリにあり、「まりもっこり」みたいなド変態の人相。うん、こいつは相方で間違いなさそう。とても安心しました。

ブリズベンで車を購入、銀行口座の開設も終え、定住生活へと着々と状況が変化していく。僕は英語が出来ないので、相方を横目に、鼻をほじってはその鼻くそを食べながら待っている。たまたま同じ宿にいたワーホリで来ている日本人に、完全歩合制のファーム（農場）で働く仕事を紹介してもらった。内容はズッキーニの収穫。収穫した量がそのまま給料に反映される。初日になんとなく段取りを把握、次の日からある程度稼げるようになり、1日で4万円稼げる日なんてのもあった。日本で極力人と話さない仕事をしてきた甲斐があった。僕があまりにも無表情で休憩無しに7時間同じペースで収穫するので、他の外国人ワーカーたちから「マシーン」という陰口を叩かれていると相方から聞いたが、このファームという場所では、それは誉め言葉でしかないのだ。

ファームの朝はとてつもなく早い。毎朝午前3時50分起きだが、その分仕事が昼過ぎには終わるので最高だ。昼寝する者、車でドライブに行く者、夜遅くまでアプリで人狼ゲームをする者。バカだらけ。仕事が休みと決まればみんなでBBQの材料を買って車で出掛ける。公園の無料コンロで分厚いブロック肉や野菜を焼く。鉄板を囲みみんなでビール片手に肉を突っつく。そのまま公園でいい歳した大人たちが本気の缶蹴り。なんでこんなに楽しいんだろう。なんでこんなにくだらない事で笑えるんだろう。あっという間に時間は過ぎてしまう。睡眠時間が足りなくて、ズッキーニと戦うのが憂鬱な時もある。

買い物をする時は僕らの車に仲間を乗せて、スーパーやホームセンター、どこへでも一緒に行っていた。自炊のイロハはここで覚えたと言っても過言ではない。野菜の切り方、パスタの作り方、米の炊き方。キッチンにはいつも誰かしらいて、調味料の貸し借りは当たり前。仕事、住まい、遊び、ずっと一緒にいた仲間たちとの別れが、こんなにも悲しいとは思わなかった。

藍木と台湾人のリンという男を含めた4人で、オーストラリアの広大な大地を25日間車で周った。毎日キャンプを繰り返して辿り着いたのはエアーズロック。その孤立した、ばかデカい岩の存在感には圧倒された。そこを折り返し地点としてシドニーに戻ってきた僕らは、藍木とリンに別れを告げる。車でオーストラリアを周ったせいでせっかく貯めたお金を全部使ってしまったが、お金で買うことのできない経験だから仕方がない。余裕のある行程の旅も、定住しているからできたことだ。

重い腰をあげ、一から頑張ろうとやってきたのがタスマニア島。僕らはここで再び歩合制の仕事をした。次はイチゴとリンゴの農場だ。ある日、同じ職場の仲間同士でキャンプに行くことになった。数台の車を走らせ、着いたのは大きな湖のある森の中。ここの湖畔でキャンプをする。タスマニアは「オーストラリア版北海道」と言われ、気温や大きさなどが北海道にとても似ている。夏でも涼しく、空気や水が四季を通して澄んでいる。「はぁ、空気がうまいな」。一段落してから、焚き火に使えそうな木々を集める者、テントを張る者と分担して仕事をこなしていく。僕は料理と焼きマシュマロの係。みんなの顔色をうかがい、ベストなタイミングでラーメンも提供しなければならない。こんなに千葉県の片田舎にある実家が食堂だという肩書きが試されることもない。みんな手に渡ったラーメンをすすっているが、呑気にリアクションを見ている場合ではない。次は食後の焼きマシュマロの準備だ。みんなこの時間を何気に楽しみにしてるから失敗できない。僕の焼いたマシュマロに火が燃え移って松明みたいになる。それを持って上裸のまま暗い森へと消えていく先住民パフォーマンスをすると、思いのほかウケてくれて、みんなとの距離が近くなった気がした。笑顔は時に、時間さえも超越するのだ。キャンプに行く回数が日に日に増えた。湖ではサーモンが釣れるという情報をキャッチする。僕の唯一の趣味である釣りの腕の見せ所じゃないか！　相方がプレゼントしてくれたシマノ社の上等な釣り竿で挑む。相方は僕の釣り姿を初めて見るので興味深々だ。なかなか釣れないので、魚が釣れかけているようなフリをして「逃したわ〜」と三文芝居をやっていたら、相方にすぐ「こいつそうでもない」と見限られた。賢過ぎてうぜぇ。仲間の竿にもの凄い引きが来ている。長い格闘の末釣り上げたのは、ぶりんぶりんのサーモン。サーモンがキャンプ場から車を20分走らせたところで釣れるなんて。タスマニアの大自然を肌で感じる。そんなキャンプは毎週末のイベントになっていき、参加者が増え組織が大きくなっていく。道具や10人用テントをみんなで割り勘で揃え、質も上がっていった。最初は4、5人でやっていたキャンプが、今や20人。テント泊してそのまま仕事へ直行する強者までいた。どんだけキャンプ好きなんだよ、こいつら。

話は変わるが、僕に彼女ができた。ちゃんとおつきあいした女性は生まれて初めて。最初に働いた町で出会った10歳も年上で、僕の「童貞を捨てるのは外国人がいい」と言うグローバルな考えを受け入れてくれた大人な女性だ。彼女が帰国した後は遠距離恋愛だし、年上だし、最初にしてはかなりむずい。クリスマスはホバートというお洒落な港町で一緒に過ごしたが、海外で彼女とクリスマスだなんて、地球上の童貞でやってんの僕だけじゃないだろうか。そう感じるほど、僕からしてみれば思いがけない出来事だった。

このオーストラリアでの生活って、学校の昼休みみたいな感覚でずっと楽しかった。ここが、日本じゃないからこそ、失敗はみんなで笑いあって喜びは分かち合う。幼馴染みでもないのに、短期間でそこまでお互いの事を思い合えるのは、ずっとそこで一緒に生活していたからに他ならない。それって定住した証だよね。

タンザニア

キリマンジャロ登山編

キリマンジャロの登山を終え町を出るバスの中で、思わず感情的になってしまった。最後くらい静謐《せいひつ》なキリマンジャロの全貌が見られればと思ったが、俺には見てほしくないのか、雲がスッポリ隠してしまっている。「最後まで見られなかったな」。

「フィッシュマンズ」というアーティストをご存じだろうか。90年代の日本の音楽シーンでは一部の音楽マニアから神格化され、今尚語り継がれる伝説的なバンドだ。ボーカル兼フロントマンの佐藤さんは既に他界してしまっていて、もう生でパフォーマンスを見ることはできない。それでも今活躍する有名アーティストにもファンは多く、海外でもカルト的人気がある。そして何を隠そう俺は、周りにそのフィッシュマンズの大ファンと公言している。そんなフィッシュマンズの数あるアルバムの中に『空中キャンプ』という作品がある。どうだ、アルバム名からもう素敵じゃないか。そして、このアルバムの一曲目、「ずっと前」という曲を聞くと今でも脳裏からじわーっと広がっていく景色がある。それはいつだってあの日々を境にキリマンジャロだ。

アフリカ最高峰は伊達ではない。確かに登るにあたり登山経験などは特に必要とされていないのは確かだが、それでも標高は5895m。富士山と比べたら約1・5倍もあるではないか。なんで俺らはそんなリスクを背負って「キリマンジャロツアー」というガキがつけたみたいな名前のツアー会社に1人15万という大金を払ってお店から出てきたのか。宿へと帰る道すがら思った。

キリマンジャロ登山のきっかけは曖昧模糊としたものだった。「キリマンジャロの山頂でコントでもしたら世界初じゃね?」これだから俺と高士はIQが低い。日本で高学歴の人を道で見たら建物に隠れてしまう癖はなおさないと。そこから色々とネットで調べていくうちに「キリマンジャロの登頂成功はツアー会社に左右される」という記事をたくさん目にした。1週間にも及ぶ登山。慎重にことを進めたい。そしてこのキリマンジャロの麓町、モシでも色々なツアー会社を周ることに。しかしそんな苦労は報われず、いい感じのお店になかなか出会えない。1人15万と言う大金を払ってもいい！　そう思わせてくれるツアー会社がなかなか無い。宿に帰ると宿のスタッフのおっちゃんが「友達を呼んでやるよ」と俺らに提案してきた。よしその会社！　とおいそれとは決められないが、まあ話すだけ無料だしいいか。晩飯を作りながら待つことに。すると、そそくさと現れたエトーシャというツアー会社の男。その男の姿を見た瞬間、驚いた。顔面が「高士過ぎる」。高士をアフリカ人にしたらこんな感じなのか。目がずっとウルウルしている。直感の赴くままにエトーシャの話に耳を傾ける。ツアーの段取りなどを淡々と話してくれるが、どうしよう、全然頭に入ってこない。エトーシャの顔面に意識が行き過ぎてしまう。しかしながら、なんとか目を窄《すぼ》めることで顔面への意識を減らすという驚天動地のスキルで説明への理解を成し遂げた。この会社がいい。富士山より遥か高くへと登るにあたり高山病からは逃れられないだろう。最悪の場合は死に至るケースもある。命がけということもあって色々考えたが、もし仮に不測の事態に見舞われたとしても、このエトーシャが相手なら、圧倒的な武力行使でその場を制圧できそうだ。だって顔面が高士なんだもん。契約は成立。登山開始は翌日となった。

登山当日、我々は荷支度を早々に済ませ、迎えの車を待ちながら各々好きな時間を過ごしていた。その最中《さなか》、俺は宿のテラスに出てあいにくの曇天模様をじーっと眺めていた。分厚い雲の向こうに鎮座しているであろう、アフリカ最高峰キリマンジャロの稜線を優しく撫でるかのように端から端まで見渡し、右手には産地のキリマンジャロコーヒーという、「すげぇアルピニストが山頂アタック前にするやつ」を見えもしないのに完璧にこなしていた。すると、高士が階段を上がって来て「じんせー、車来たよー」と呼びに来た。「あーはい、今行く」コーヒーを飲み干しテラスを後にする。高士が「なんで雲見て渋い顔してたの?」とニヤニヤしながら聞いてくるので「うるさい、お前には関係ないよ」と一蹴した。

午前9時、アフリカにしては明らかにお金のかかっている登山事務所がある、登山道の入口へと到着した。ここから山頂まで向かうことになるという説明と、今回の登山チームのメンバーの紹介が始まる。そして序盤から思わぬ事態が巻き起こる。それはエトーシャが今回の登山に参加しないというまさかの展開だった。えっ、普通に悲しいんですけど。じゃあ誰がガイドになるんだ。ドキドキしていると、二人のおっちゃんが現れた。1人目はフローレンス。彼はエトーシャと同じく高士系統の顔。優しい雰囲気の人でひとまず安心した。そして問題はもう1人のガイドである。その男性の本名はもう忘れてしまったが、俺らは

「モーガン」と呼んでいた。そのおっちゃんが、何を隠そうあのハリウッド俳優、モーガン・フリーマンそっくりなのだ。モーガンの似方といえば、高士とエトーシャとかのレベルではなくもう瓜二つ。「不測の事態でも、圧倒的な武力行使で制圧できそう」という理由も、このツアー会社を選ぶ上で大きな判断材料だったが、これは終わった。急に我々の登山チームにハリウッド俳優のモーガン・フリーマンが加入し、ありえないくらい緊張感が増した。もうこの登山の主人公は俺らじゃなくてモーガンではないだろうか。下手に出しゃばると静かにブチ切れそうなモーガン。武力で襲ったりしようものなら、大きな右の手のひらを俺の顔面の前に広げ「争いは何も生まない」なんて名台詞で諭され、俺は泣いてしまう気がする。そんな2人のガイド、他にもシェフやポーターを含めた12人という大所帯の登山チーム。序盤から予期せぬことが起きたが、なにはともあれ、もう後には戻れない登山が始まろうとしていた。

初日の行程はひたすら鬱蒼《うっそう》としたジャングルを歩き続ける。前日に降った雨もあってか、とてつもない湿気が我々の体に纏わりついてくる。登山口の時点で標高1700mはあり、気温は10度以下。太陽の光を周りの樹木の葉が遮ってしまう。湿気のせいで汗はかくが気温が低いせいですぐに体が冷えて辛い。

景色も楽しめないのでひたすら「ポケモンしりとり」とかしていた。紹介が遅れたが実は日本人は今回俺と高士の他にもう1人いる。ナミビアとかを一緒に周ってきた旅人のけーすけさんだ。年齢も30歳と落ち着いていて、俺ら2人の箸にも棒にもかからない話も、うんうんと聞いてくれる優しい兄貴的な。そんなけーすけさんも巻き込んでポケモンしりとりに勤しむが、途中から酸素量は変わっていないはずなのに単純に疲れから、気づくと「いそうなポケモン山手線ゲーム」に業態が変わっていた。5時間半のほとんどをそこに費やしながら、1日目の行程を終えた。初めてのベースキャンプは雲の中、標高は2500mほどあるはずだが、実感が湧かない。楽しみにしていた星空は全く見えずだったが、同行しているシェフの作るご飯が美味しいこと美味しいこと。キリマンジャロがご飯の美味しいタンザニアにあってくれてよかった。大きなことが始まった疲れからその日はすぐに寝てしまった。

2日目、朝起きると昨晩にも出たコーンスープが湯気を出しながら机に人数分置かれていた。朝は周りの雲のせいで日差しが差し込んでこないのもあって結構寒い。湯気を纏ったコーンスープがとても尊い物に感じる。朝飯を胃に流しこみ荷物を背負って2日目は始まった。歩き始めて2時間くらい経った時だったか。我々のカメラのシャッター音が鳴りやまなくなった。そう、雲の上に出ていたのだ。眼下に広がるのは、さっきまで隙あらばチェーンソーで全て伐採してやりたいと思っていた鬱蒼としたジャングルと壮大な雲海。深緑の緑と白が引き立て合っている。ここから次のベースキャンプまでの道のりはとても気分がよかった。太陽の日差しが燦々と降り注ぎ、気温のわりに温かい。後ろを振り返れば、山紫水明の絶景が登山で消耗した分、何かを補充してくれる。まるでセスナ機で遊覧飛行をしているかのような空中散歩。特に困難もなく、ベースキャンプへ5時間ほどで到着した。実はこのベースキャンプは富士山の山頂とほぼ同じ3700m。南米でいつのまにか鍛えられていたのか（ウユニ塩湖など）、高山病など他人事といった感じだった。晩飯まで時間があるので持ってきていた小説を雲の上にある芝生の上で寝ころびながら読んでみる。これが人生最高の日光浴でしょう。2日目はなんの不満もなく終えることができた。

3日目、バラエティー番組なら「しかし！　この日を境に状況は一変する！」とテロップが流れそうな日が始まろうとしていた。「高地順応」という次のベースキャンプとは別にあえて標高の高いところまで一旦登り、低酸素に体を効果的に慣らすという段取りがあるのだが、その日はそれに充てられていた。その標高は4500m。いよいよな感じが俺、高士、けーすけさんに少しばかりの緊張感を生む。歩き始めて2時間くらいすると、景色も段々と変化してくる。つい昨日の朝までは鬱蒼としたジャングルにいたのに、今いるここには樹木が一切ない。樹木限界の標高を超えてきていたらしい。想像より早い。雪もなく、風もない。黄味がかった砂利道だけの寂しい場所がそこにはあった。そして高士は少し頭痛がすると言い出した。まだ余力があり平気な俺は「ポケモンしりとりする?」と脳天気に高士に投げかけたが、総スカンという事故を起こした。モーガンに見つかったら静かにブチ切れられそうな空気の読めなさ。ふとモーガンに視線を向けると、こちらを見て不敵の笑みを浮べていた。おっと、怖いぞ。日本語を理解しているのか。けーすけさんもまだ体に異常はないらしい。歩き始めて3時間くらいして目的地の4500mにある大きな変な形をした岩に着いた。なんせここまで登ってくると日差しがいかつい。昨日の芝生の上ではお友達のように思っていた日差しが憎いほど肌を痛めつけてくる。サングラスを装備する。昼食のランチボックスが配られるも高士はそれを眺めているだけで、なかなか手に取ろうとしない。少し心配だったので、食べやすそうな俺の分のオレンジをあげる。「これなら」と、苦しそうに何度も噛んでから体内へと取り込んだ。

そして俺も他人事ではなく、昼食後に急に吐き気をもよおし少しヒヤッとした。高山病は少しずつ遅い歩みで我々の体へと介入してきている。さあ、あとひと踏ん張りして今日のベースキャンプへと向かおう。ここからは渓谷へと入っていく。「下る=酸素が濃くなる」という方程式に気づいた俺は、「早くテントでゆっくりしたい！」という思いもあり調子に乗ってスピードを上げてしまった。ガイドの2人が「ポレポレ」（現地のスワヒリ語で「ゆっくり」という意味）と言葉を投げかけてくるが、変なテンションになってしまっている俺は「ポレポレ！」と大声で叫び返し、言葉の意味とは裏腹にもの凄いスピードで渓谷を下っていく。「ポレポレ！」と連呼する変態は他の登山チームを横目に爆速で逃亡している。案の定、誰よりも早く標高4000mのベースキャンプへと到着はしたが、着いた頃には頭痛と吐き気で完全にグロッキー状態になっていた。ほら、言わんこっちゃない。自らの変態行為を咎《とが》めずにはいられなかった。後《のち》に合流した高士とけーすけさんとテントで一緒に休憩しようとしても、落ち着かない。寝られないなら1人がいいと、静かな場所を探す。テントから少し離れた場所に、いい場所を見つけられたので座ってコーヒーを飲みながら、深呼吸をゆっくり繰り返す。こんな状況下でも一つ幸運なことがあるとすれば、それは目の前の絶景だろう。雲海さえもかなり遠く感じるほどの標高。これが日本には存在しない4000mからの絶景か。夕焼けが遥か下に広がる雲海に反射して神秘的な絶景を見せてくれている。そして、その絶景の手前にはカラフルなテントが動物の群れのように集まっている。そっか、「雲の上、キャンプ」。頭痛と吐き気に気後れしながら、電源を切っていたスマホをポケットから取り出しイヤホンを繋げ、電源を入れる。慣れた手つきで画面をスクロールし、「助けてくれ!」そう願い選んだアルバムは無論、『空中キャンプ』だ。

4日目、最初に言っておきたいがこの日の記憶はあんまりない。ただ、朝起きてテントから出て、浴びた朝日に「ほら、歩けよ」と命令されているように思ったのは覚えている。この日の夜が山頂アタック前、最後の夜となる。今日のベースキャンプの標高は4600m。もうどうにでもなれ。朝のコーンスープを見て嫌気がさした。何の色彩も持たない土地を歩く。樹木もないので、目に入るのは同じ登山チームのメンバーくらい。高士も体調は昨日に引き続き優れないらしい。けーすけさんは全然平気そう。なんちゅう頑丈な体だろうか。時間なんて全く意識する余裕もなかったが、気づくと太陽はもうずいぶん自分たちの下まで降りてきていた。夕暮れ時、最後のベースキャンプへと到着した。もうここが山頂でないと納得できないほどに、体の疲労は限界を迎えていた。標高4600m。生き物を歓迎していないかのような大きな岩がいくつか点在しているだけの殺風景なところ。テントから20m先のトイレに行くだけでも息が上がる。俺と高士が疲れすぎて、けーすけさんとも会話が生まれない。ごめんなさい。シェフに温かいコーヒーを作ってもらい前日同様、それを手に1人になれる場所を見つけてイヤホンを着ける。すがる思い。「助けて……」と、祈りながら流す『空中キャンプ』。もう何よりの薬になっていた。この二日間だけで言えば高士やけーすけさんの声よりも聴いている気がする。高地では、酸素が薄くになるにつれて、空気中の不純物が無くなり絶景はより澄んで見えるのか。標高が上がるにつれて景色への感動が増すのは今考えついたこの仮説通りだからか、それとも俺が精神的に辛くなっているからか。晩飯を少しだけつまんでテントに戻る。テントの中で高士と「2時間だけ寝たら体調悪化するよな」と話していた。これからの段取りは山頂アタック前に2時間だけ仮眠を取って出発するというものだった。起きるのがもはや怖い。でも全く寝ずに山頂へ挑戦するよりはいくぶんましな気はする。諦めて寝よう。遅れてテントに入って来たけーすけさんにもそんなことを話しながら眠りについた。

5日目、暗闇の中、2時間経ったことを知らせるアラームと同時に目を覚ます。俺は「マズイっ！」と思いテント内をはいつくばりながら移動して、顔だけ外に出して吐いてしまった。なんというか、キリマンジャロに来て初めて吐いてしまったことがかなりのショックだったことを覚えている。どうしよう、山頂まで辿り着く姿が全く浮かばない。だが俺には同じ気持ちで苦しんでいる相方がまだいる。高士を探す。テントの中にはいない高士はどこへ行ったのか。あたりをうろちょろし、ヘッドライトで暗闇を照らしながら探していると、とんでもない光景が俺の目に飛び込んできた。あの高山病で苦しんでいるはずの高士が、テントの裏で、目にも留まらぬ速さでスクワットをしているのだ。理解が追い付かない。ヤバいヤバい。コンビの相方でもありながら、同じ高山病患者のはずの高士が目の前で笑顔でスクワットをしまくっている。聞かずともわかる。回復したんだと。こいつは一足先に土壇場で見事に高山病に勝ったんだ。なんだかいつもならケチをつけそうな俺も、この時だけはぐうの音も出なかった。けーすけさんを始め、登山チームのメンバーも続々と高士のスクワットを囲うように群がってくる。何故か拍手。あいつは標高4600mで国境を越えたスタンディングオベーションを巻き起こした。あいつの奇跡は幾度となくこれまで見てきたが、今回が最高傑作だろう。俺以外のみんなは軽食を摂り、山頂へと向かうためにテレビや映画で見るような重装備をする。山頂付近の酸素量は平地の半分。ゆっくりと進んで行く。気温は軽く氷点下を下回り、新月の為、ヘッドライトの灯りを消したら右も左も分からなくなりそうな暗闇。そして何より気持ちが悪くて仕方がない。下だけを見て歩く。けーすけさんはそこまで体調に変化はないらしい。この人はほぼ鉄人か。高士に関しては見なくてもわかるし見たくもないのでパス。登山中盤の景色を楽しんでいたことなんて、遠い過去に感じる。また吐いた。30分に1回吐いていた間隔がどんどん短くなる。目の前の大きな岩がくっきりと2つに見える。これは酸素が脳に行き渡ってないからだと仕組みを理解してしまうと、より気持ちが悪くなってまた吐いてしまう。さっきから地面に手をつく頻度が圧倒的に増えている。もうこれで吐くの何回目だよ。もう3分でも地面に手を着かなければいい方だ。「日本に帰りたい」頭で反芻《はんすう》する言葉。するとモーガンが地面にはいつくばる俺の肩に手を置いて言ってきた。「一度、みんなと離れよう。これじゃあみんな朝日に間に合わない」。辛かった。なにが辛かったってモーガンにそれを言われる前から自分でそのことに気づいていたから、まじまじと言われて辛かった。高士とけーすけさんは、フローレンスと先行して山頂へと向かう。ここで一旦2人とはお別れだ。苦し紛れ、ほんと苦し紛れに「先行ってて、すぐ追い付くから、悪いね」と言った。俺は絶対に山頂にいかないといけない理由がある。途中でやめようなんて気持ちは、高山病には悪いが、微塵もない。そこからモーガンと2人で歩くこと1時間くらい。やはり何度も吐いていたが前には少しずつ進んでいた。20歩に一度は吐いていたと思う。もう胃液も出ないって。視界もぼやけてきた。そんな折、標高が5000mを超えた頃、モーガンがふと俺の正面に立って、また俺の肩に手を置く。そして会ってから一番の優しい表情でそれを告げられた。「ジンセイ、君はこれ以上登ると死んでしまう」。なんでだろう、なんであの時ずっと頭で『空中キャンプ』が流れていたんだろう。辛い記憶と一緒になんかさせたくなかったのに。

モシの宿のテラスから見る空は、出発の日と同じく曇天模様だった。高士とけーすけさん、フローレンスの3人だけが写った山頂での写真を見ながら、思いのほか気持ちは晴れやかだった。あの時、モーガンから告げられた下山命令。それから2人で2時間半かけて来た道を5時間もかけて降りた。もう記憶も曖昧だが、普通に立ってるのも辛かったのは覚えている。あの5時間はモーガン・

フリーマンが出演するハリウッド映画のワンシーンそのものだ。全米よ、どうか泣いてくれ。にしても、あの5時間は生きてきた中で一番しんどくて暗い時間だった。山頂でコントを高士とできなかった俺なんて、あの瞬間はなんの意味も持たない空気みたいなもん。自分を責めることしかできない俺に高士とけーすけさんは「おつかれさん」と言ってくれた。ホントは俺が先に言わないといけないセリフなのに。

「心星、来たよ」高士が呼んでいる声が階段の方から聞こえる。ケニアとの国境へ向かう送迎バスが宿の前に着いたらしい。これはもう何日か引きずるのは目に見えているが、あの絶景の数々に出会えたこと、ありえない経験、そして後悔。特別な意味を持つこの場所は、自分にとってかけがえのないものになっていく気がしてならない。

町を出るバスの中で、思わず感情的になってしまった。最後くらい静謐なキリマンジャロの全貌が見られればと思ったが、俺には見てほしくないのか、雲がスッポリ隠してしまっている。「最後まで見られなかったな、山頂」。今、こうやって下北沢の一人暮らしの小さな家で『空中キャンプ』を聴いていると、目の前にはあの景色と記憶がつい先日の事のように鮮明に蘇る。

絶景大博覧会

1. ネパール／
カトマンズの路地にて
2. インド／
バラナシのガンジス川
3. バングラデシュ／
ダッカの列車の上の子供

4

6

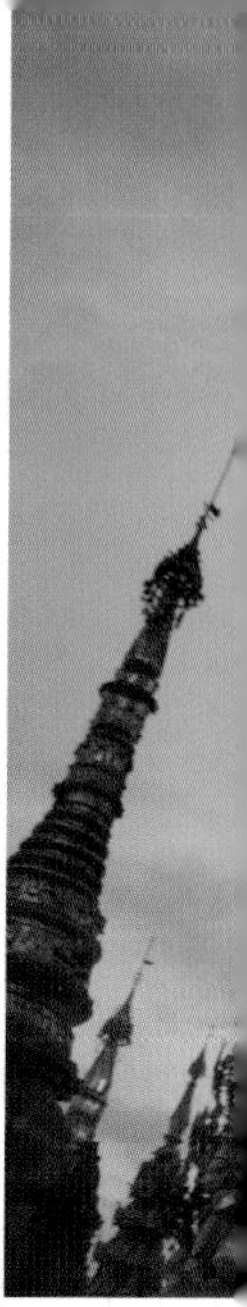

7

5

4. ミャンマー／ヤンゴンのシェダゴンパゴダ　**5.** モンゴル／どっかの草原
6. 中国／万里の長城　**7.** オーストラリア／グレート・オーシャン・ロードの12使徒

10

9

8

8. オーストラリア／タスマニア島でのキャンプ
9. アルゼンチン／雪中登山の末、朝靄《あさもや》
10. アルゼンチン／パタゴニア地方のペリト・モレノ氷河
11. ボリビア／まぎれもなくウユニ塩湖

11

12

14

13

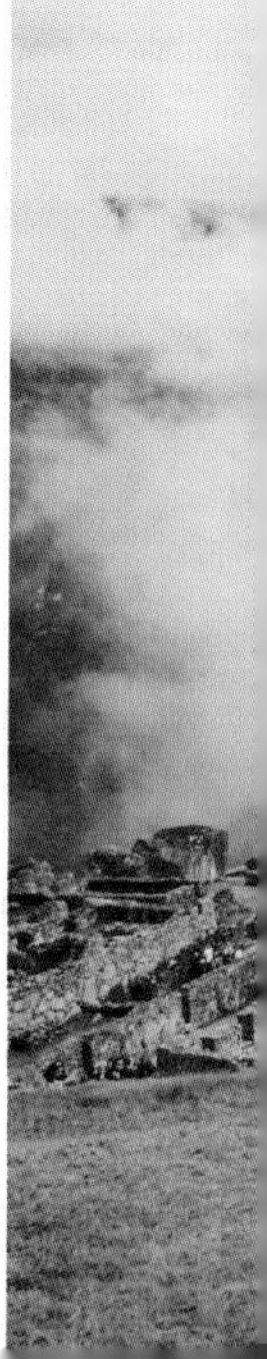

15

12. パナマ／伝説の島「カレドニア島」にて　**13.** ペルー／奇跡的に見られたマチュピチュ
14. キューバ／首都ハバナで高士にひと泡吹かせた時の
15. アイスランド／記憶になぜか残っている滝

40

アイスランド／名も無き山道、特別な場所

17

18

17. ナミビア／終わりがないナミブ砂漠　**18.** ナミビア／ナミブ砂漠と枯れた木
19. エチオピア／エチオピア人のみんな集合
20. ザンビア／タンザン鉄道の車内で日記を書く高士とザックに国旗を縫い付けている俺

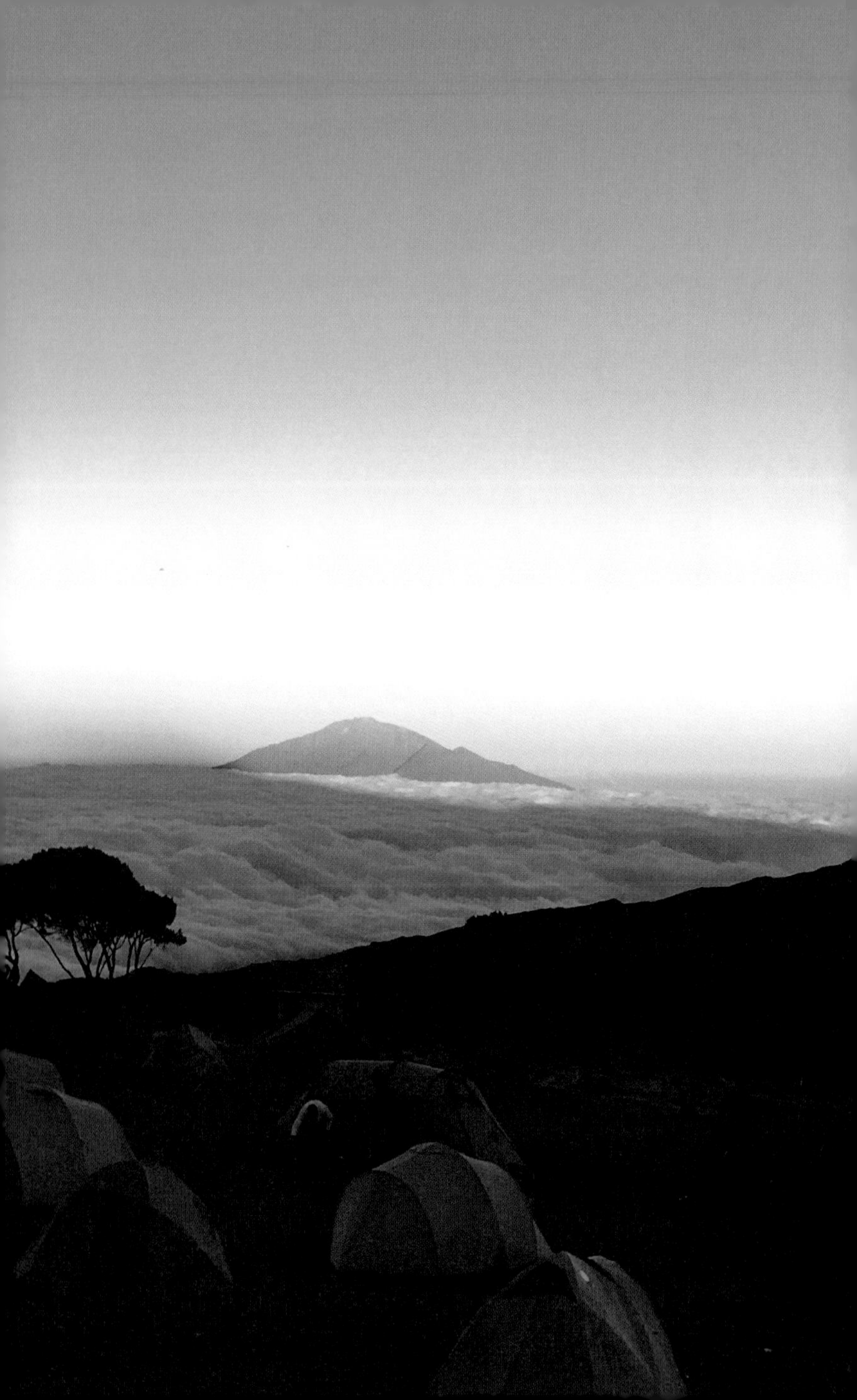

21　タンザニア／キリマンジャロの「空中キャンプ」

22. エジプト／ギザのピラミッド　**23.** ウズベキスタン／サマルカンドのレギスタン広場

24. ウズベキスタン／城塞都市、ヒヴァ　**25.** ジョージア／カズベク、山の上にある教会

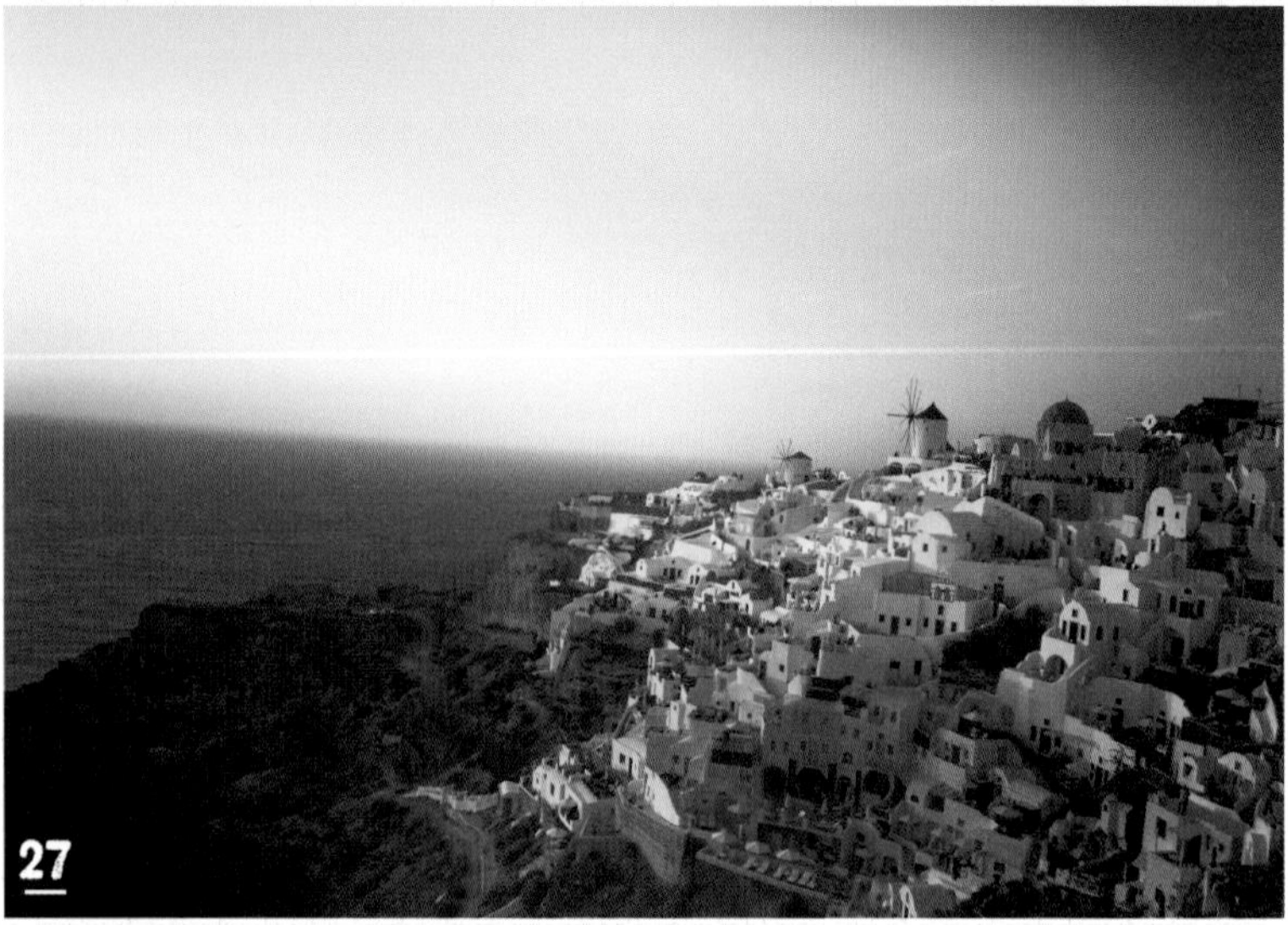

26.トルコ／カッパドキアの奇岩群と朝の気球　**27.**ギリシャ／サントリーニ島の夕焼け

SPIN OFF_03

旅を通じてどう成長したのか。

ここまで読んでくださり、ありがとうございました。

どうか僕らの最後のわがままに付き合ってください。これから書くことは、芸人として「スベっている」ことは当人の僕らが一番よくわかっています。

成長記

――櫻間心星

俺は被害者であり、その数倍加害者でもある。高士よ、裁判所で会う覚悟で挑んで来い。

林高士という、自分と正反対の男と旅をするのは、歯に衣着せぬ物言いが許されるのであれば、めちゃめちゃしんどかった。なんせお互い性格が違い過ぎて衝突するならまだいい方で、それ以前のすれ違いばかり。「こいつは何考えているんだ」。こんなに人について考えるという行為が体力を要することだなんて、この旅をして初めて知った。旅に出る前の高士へのイメージと言えば、なんかこう「抜けている」感じだ。これはこいつの千葉県立四街道高校の同級生にも裏を取っているので間違いない。「意義あり！」なんて言わせるものか。

旅の最初の方、アジアを旅している時なんて俺は高士というストレスを背負って旅してたようなもんだった。実際に背負っていた15kgほどのザックなんかより遥かに重くてしんどい。まず、高士は宿で他の日本人に挨拶をしない。なにかしてもらっても「ありがとう」や「ごめん」という言葉を忘れたりもする。悪気がないのはわかっていたが、その度に俺は部屋に帰ってからブチ切れる。すると高士は泣きっ面で「ごめん」とだけ言って黙り込んでしまう。それにまた腹が立つ。「ごめん、で、なんだよ？　それでお前はこれからどこをどう気をつけていくんだよ！」と自らの憤懣《ふんまん》を何にも包まずぶちまける。「お前の顔は見たくない」なんて言葉は数えられないくらいあいつの心に投げつけた。

そして高士はよく失くし物もする。携帯電話2回、クレジットカード1回、財布1回、パスポートを海に落としたこともあった。一方俺はというと、そういうのと縁が無い。別に己を律していたわけじゃない。難しいことじゃないから。だから理解できなかったしイラっとしてしまったんだろう。でも、「物を失くしたこと」に対して怒ったことは一度もないつもりだ。人間は機械じゃなくて生き物なんだからしょうがない。というのと、俺が同じミスをした時に面子が立たないのが怖かったからだ。高士に対していつも自分は「優位でいないといけない」と思っていた。旅の前半なんて、思い出したくもないくらい悲惨な信頼関係で旅をしていた。

日本を出て半年くらい経った頃だろうか。このあたりからある言葉を頻繁に人から聞くようになって、少しずつ自分の胸懐《きょうかい》に変化が現れ始めた。それは「2人ってコンビとしてバランスいいよね」という言葉。これが本当に「なんでこんなに言われるのかな?」ってくらいよく言われる。「そうですかね〜」なんて言って照れてはいたけど、これってなんでだろう。確かに俺らは全く違う種類の人間だ。俺に出来ることは高士には出来ないことが多いし、その逆も然り。「当たり前じゃん!」なんて思うかもしれないが、目の前のこと(旅)で精一杯で、あの時の俺には気づけなかった。

ある時こんなことを言う旅仲間もいた。「俺、心星より高士派だわ」と。おいおい。まあまあ傷つくこと言ってくれんじゃねえかよとも思ったが、「心星といるとなんか気疲れする」とのことだった。もはや完全に俺の息の根を止めにきているとしか思えなかったが、冷静になって反論をしようとしても言葉は浮かばない。このあたりから自分を見つめ直すことにした。俺は人からの見てくれをかなり気にする人間だ。なんなら地球上にいる人間全員から「いい奴」と思われたい。これが俺なりのささやかな願いだ。でもそれが故に変にソツがない。隙が無いんだと思う。自虐ネタも好み、自分の顔面なんてボロボロになるほどにこき下ろしてきているのに、まだツッコミづらい雰囲気があるのかもしれない。

作家の伊集院静さんの言葉で「人はなめられてこそ一人前だ」というのがある。とても大好きな言葉だし自分の理想にもしていたが、まだまだ力が足りないらしい。じゃあ、高士はどうだろう。170㎝無いくらいの小柄な体型で少し恰幅が良く、頬が常にぼんやりと赤い。目なんていつもウルウルしていて今にも泣きそうだ。しかも自発的には喋らない。でも誰かが話を振って喋り出すと、男の割に声が高くて舌っ足らずでなんか可愛いかったり。ウザいなあ。人に言われたことは基本的に断らないくせに、自分のキャパ以上の仕事が来るとすぐにおどおどする。最初から断っておけばいいのに。だから初対面の人にもあっという間に「高士なにやってんだよ〜」と言われる。そう人に言わせる能力を高士は持っているのだ。

「人はなめられてこそ一人前だ」という言葉をもう1回引き合いに出してみると、俺なんかよりこいつの方が適応しているのは言わずもがなだった。そして人の懐に入るのもなぜかうまい。計算なんてできるタイプじゃないから天性のものなのは明らかだ。だから俺らは2人の方がパッケージとして強いんだと知ることができた。俺だけでは時間がかかることも、あいつの天性の才能があればすぐに人の懐や輪に入れる。だが、高士1人ならそれをうまく引き出す人間がいない。ただでさえなにを考えているかわかりづらいのだから、あいつの気持ちを汲んだ上で、一番いいパスを出せる司令塔がいないといけないのだ。だから一年半も横にずっといた俺が誰よりもあいつを理解しないといけない。どんなパスを渡せばあいつが輝くのか。あいつが輝くということは、お笑いコンビ「春道」として輝くことらしい。それがはっきりとわかった今なら、俺が少しくらいの悪役にもなってやろうじゃないか。地球上の人間全員から「いい奴」と思われたい俺が、本心から悪役になってもいいと、自分の理想ぐらい捻じ曲げてもいいと思うほどに高士には価値がある。

そんなことを徐々に整理でき始めた頃から、高士がなにかミスをしてもすぐに答えを催促することを止めた。その行為自体がナンセンスなんだとやっと気付いた。あいつがそんな言葉で輝けるわけがない。自分の感情は押し殺し、時間をかければ流石に高士だって思うことを話してくる。

旅の初めはすぐに終わると思っていたあいつの日記も日に日にとんでもない量になっていた。旅を終えてノートを数えてみたら全部で16冊。人がなかなか真似できない継続力と忍耐力もあいつは持っている。俺は驚くほど精神的に弱い。自立神経失調症なんて今まで大小何度発症してきたかわからない。あいつはこういうものとは無縁だ。2人して同じだと共倒れしそうだが、こんなところもバランスが取れている。頼もしいではないか。俺が旅のスケジュールを血眼になって調べている時には、めちゃめちゃ良いタイミングで「できた」と言って料理を出してくれる。俺自身の考えが変わり始めた頃に、なにか目に見えない絶妙な関係性が生まれ始めた。その時期から「2人って夫婦みたいだよね」って不気味だが嬉しい表現をされるようになり、2人のパッケージは昇華した。

そして、言っておかなければならないことがもう1つ。なんで高士ってそんなに素直なんだろう。普通コンビの相方、それも同い年ならもっと俺に反抗してくるはずだろ。なのにお前はそんな片鱗すら見せた事が無い。意見はするが感情が先走ったことは絶対言わない。俺に反抗するのがめんどくさいから？　だとしても出来過ぎている。めちゃめちゃ俺の言ってることをすぐに行動に反映してくれるから、つい友達にお前を紹介する時には「高士のこと大好きなんだ〜」って言ってしまう。俺の懐にまで入ってきて鬱陶しいぞ、お前。

この世界一周自体、最初は俺のわがままから始まったようなもん。本当は芸人として舞台に誰よりも多く立たないといけないのに、俺らは日本を出た。一緒に養成所にいた同期の芸人も売れていく。焦りは無いなんて綺麗事は言えない。

でも、高士という掴みどころのない金塊の謎を解明するのに、この1年半はコンビとして必要不可欠な時間だったと思う。お前も俺に対してそうだと思う。

最後に、こんなぶっ飛んだ俺のわがままに今までついて来てくれてありがとう。もしお前が「行かないよ」なんてことを自販機の何倍もするコーヒーを飲みながら言っていたら、俺の人生は全く違うものになっていたと思う。全く違う人生もそれはそれで良かったのかもしれないが、今の人生以上に良いものなんてあると思えないので満足しています。74ヵ国、526日。お前の「バンコクで急にタイ古式マッサージのライセンスを取るために学校に行く」という1週間にも及ぶ奇行と、他の国でのほんの数日を合わせた2週間を除けば、残りの期間は朝から晩まで全部一緒だった。俺という自己中心的で情緒の浮き沈みの激しい奴と、世界一周なんてできる奴は家族や地元の友達を含めてもお前しかいなかったと思う。残念ながら、まだまだ人生はたっぷりと残されているそうです。相方という存在の前に相方以上の関係になってしまった気持ちの悪い我々。一緒に世界を旅してほんとよかった。ありがとう。ちなみにこれは裁判の時の弁論資料にならないと思うのであしからず。

成長記

林　高士

最初は好奇心と軽はずみな気持ちから承諾した、相方からの世界一周の誘い。蓋を開けてみれば苦労の連続だった。日本で体調を崩せば、優しい布団と母親が作ってくれる胃に優しいおかゆがある。しかし、旅中は落ち着かない環境の中、口に合わない現地メシ。看病してくれるのは死んだ魚の目をした男。寒くても湯船に浸かることなんてできない。宿泊先に水シャワーしかないなんて日常茶飯事。とにかく体が洗えればなんでもいいやと完全に感覚がバグっていた。物価の高い国では宿に泊まらず、空港の冷たい床で空港泊。食事は朝昼晩と1斤の食パンにマヨネーズやケチャップをつけて食べた。喉から手が出るほど何かが食べたかったのはその時が初めて。友達とはスマホで繋がっているとはいえすぐには会えない。思い描いてた童貞卒業は、段取りとは全く違ったし。

そして何よりも相方との旅。最初からこんなにも細かい性格で厳しい奴だと知っていたら、一か八かタコ殴りにして世界一周の誘いを断っていただろう。それはコンビとしてのつきあいが浅いということでもあった。一番初めに僕らがギクシャクした時のことを鮮明に覚えている。猛暑のインドにいた時。あまりの暑さに僕が相方からの問いかけに、毎回「うん」と適当に相槌をしていた時だ。この「うん」という、ありとあらゆる会話を終わらせる返答が気に食わなかったらしい。それからというもの旅中に僕のダメな所を次から次へと指摘してくる。相方の言い分は筋が通っているが、どこか心の中で受け入れられない自分がいた。同い年だからなのか、もしくは言っている相手がブサイクだからかな。指摘された所が多すぎて、自分でも何がなんだかわかんなくなっていた。ギクシャクしても、数秒後にはまた一緒に旅を続けなければならない。その上、僕の不注意からくる紛失物の数々で頭がパンクしそうだった。この旅は誰に命令された訳でもないから、相方に説得されようがいつだって日本に帰れる。でもそれを決めるのは最終的に自分であって、僕は旅を続けることを選んだんだ。

旅を続けて行く中で、年齢も職業もバラバラな様々な日本人と出会う。みんな旅人なので、「敬語を使わなくていい」と言ってくれるが、僕らの職業柄、礼儀や気遣いを忘れるべきではない。そうした中、僕が相方に指摘されていた所をなおすと褒めてくれる人がいる。認めてくれる人がいる。相方の言われた通りにしてみたら、何か事がうまくいき始めた気がした。「お笑いの業界では、コンビのどちらか片方が礼儀が出来てない、遅刻をするといった事があれば、コンビで悪い評価をされてしまう気がする。俺だってミスは許されない」と相方が言った事がある。そういう意図もあって相方が僕に厳しく接していたのかと思うと納得できる。旅を始めた頃は、厳しく接してくる相方をうるさい奴とし か思っていなかったが、次第に二人三脚でこの旅をコンビで成し遂げようという思いに僕の気持ちは変わっていった。

日本に帰国し、待ちに待った日本の生活に感動していたのは1週間ぐらい。あんなに恋しかった日本の生活にあっという間に慣れ、実家の飯を食べてブクブクと太っていった。上京をするために再びバイト漬けの毎日。とても辛かったはずなのに、旅をしていた頃の自分がなんだかすごく羨《うらや》ましい。自由な時間に起きて、出会った日本人と何をするわけでもなく宿でダラダラする日々。刺激的な毎日を味わってしまったのがいけないんだ。どうも日本での変化のない自分の日常が退屈に感じてしまう。相方とギクシャクしている時も含めて、タイムスリップしたい。夕陽に染まるアフリカの大地、エメラルドグリーンのカリブ海、キリマンジャロで見た雲海。あの時見ていた景色をまた見に行けるのだろうか。今まで見てきた各国の絶景を思い出すと、どの角度から見ていたとか、周りに何があったかを全部覚えている。あんなにも絶景に囲まれた日々は最初で最後だろう。なぜならば、もう世界一周はしたくないから。長い時間飛行機に乗って、バスを乗り継いだりする気力はもうないです。しんどいです。だからタイムスリップしたいんです！　あの時、日本のサラリーマンが満員電車に揺られ疲れている中、僕らは海外を能天気に旅していたのかと思うと気分が良い。悪い癖もついてしまった。バイト先で上司に怒られれば心の中で「俺はキリマンジャロ登頂した男だぞ！」「キューバの男と初体験した男だぞ！」と人を見下してしまう。でも全部事実なんだ。旅で出会った日本人とは今でも繋がっていて、日本で会うと旅の話で盛り上がる。あの時は周りが海外の景色だったのに、日本の居酒屋で再会するとなんだか変な感じがする。

世界一周が出来た僕はラッキーだ。親の許しがあって、21歳という若さで……。書き出したらキリがない。何よりもこの旅に誘ってくれた相方には感謝しかない。こんなにも僕の言動に口出ししてくる人間は人生で初めてかもしれない。僕の親よりもだ。僕は男性ホルモンが多いせいか立派な胸毛があるが、なんせ考え方や精神が子供だった。相方がそんな僕を成長させようと何度も何度もダメな部分を諦めずに叩き鍛えてくれた。相方も大変だったと思う。僕が何も出来ないので、旅の計画、お金の管理、英語での外国人とのやり取りは全て相方任せだ。そんな中、僕が起こしてしまうトラブルの数々により、旅の日程も狂わせてしまう。冷酷な顔で怒るものの、再び僕を引っ張って一緒に旅を続けてくれる。時にはふざけた掛け合いをして、お互いのボケやツッコミ力を審査する。相方の細かい性格が僕にも少し感染しつつあり、相方側の気持ちがなんとなくわかってきた気がする。いや、一緒に厳しい環境を乗り越えてきたからわかるのか。なぜか何もしていない僕が精神的にやられて、日本に何度か帰ろうとしましたが、それでも世界一周を相方とやり遂げた。相方とギクシャクしてはお互いが納得いくまで腹を割って話せた。

相方の仕掛けにまんまとハマってしまい行く事になったが、コンビとしては仲が深まり良い関係性が築けたと思う。相方は、周りの人間を大事にする。そして何よりも愛情の深い奴だとわかった。数々のダメな所を指摘してくれてありがとう。世界一周に誘ってくれてありがとう。とても良い経験ができた。そして自分が前よりは少しは成長した気がします。

心星と出会って僕の人生は変わりました。

おわりに
——櫻間心星

あとがきだって。この俺が、かの有名な「あとがき」を執筆するなんて事件以外の何ものでもない。まあ、最後にこの本について「春道」の代表として、真摯に振り返らせてほしい。

この世の中は数多《あまた》の本で溢れている。本書は、その中でも取り分け「既視感が無い」を裏テーマに執筆してきたつもりだ。俺と高士のそれぞれの嗜好や煩悶《はんもん》は必ずしも同じ方向には向いておらず、その2人の視点の違いから生まれる絶妙な齟齬《そご》が、物語をより濃厚で稀有なものにしていたと思う（題材に知性は無かったが！）。共著というシステムが持つ特性を存分に使い尽くし、本書を書き終えた今、著者としての矜持を築くことができた。

最後に、本書に携わってくれた人たちに感謝の意を表したい。ド素人の我々の旅の話を、初対面にも関わらず、新大久保のネパール料理屋で7時間もの間うんうんと聞いて下さり、その上で次の日に「本作ろうか」とメールして下さった、あの瞬間。この本はめでたく生まれたのだ。我々は編集者の松本さんの持つ慧眼によってここまでなんとか辿りつけた。否定はしないが地味にこだわりの強い俺と、何も考えていない高士という、対照的だし甲乙つけずともどちらも地獄。を、ここまで引っぱるのは大変だったと思う。文章を書く量が増えるにつれ、筆が軽快になっていく。こんな素敵な変化は松本さんのご指導の賜物によるもの以外のなにものでもない。松本さんやデザイナーの酒井さん、イラストレーターの藍木にはたくさんの不躾なわがままを聞いて頂いた。他にも本書に携わって頂いた皆様。本当にありがとうございました。

次に俺が、文章を人に見ていただく機会なんて、生きているうちに来るのであろうか。でも、そんな僥倖《ぎょうこう》がもし訪れるのなら、どんな文章でいこうか。「松任谷由実の文学的歌詞に影響されてるやつ」なんて素敵じゃないか。俺だってソーダ水の中に貨物船ぐらい通せるところを見せつけないと（誰に）。

まあ、その前にやらないといけないことは、決して俺だけのものでもないのは明白だ。ちょっと、高士と舞台に立ってきます。

春道（はるみち）

1997年東京生まれの櫻間《さくらま》心星《じんせい》と1996年生まれの林《はやし》高士《たかし》によるお笑いコンビ。
中学生の頃から旅に取り憑かれていた心星が、お笑い養成所を卒業後、番組企画でもないのに単身アメリカ横断を決行。帰国後すぐに、どこからの依頼もないのに相方の高士を巻き込み世界一周へ。心星の旅の目的は「人生の絶景に出会うこと」。海外初の高士の旅の目的は「芸人らしい童貞喪失」。

Instagram ／ harumichi0517
Twitter ／@SYsmlctRhrt2sgH

正直、旅は僕らのコントより面白い

2020年6月2日　第1刷発行

著者／春道（櫻間心星、林高士）
イラスト／中里藍木
撮影／山本嵩（産業編集センター）[カバー袖の著者近影と日記の写真]
ブックデザイン／日高慶太、酒井絢果（monostore）
編集／松本貴子（産業編集センター）

発行／株式会社産業編集センター
〒112-0011 東京都文京区千石4丁目39番17号
電話　03-5395-6133
FAX　03-5395-5320

印刷・製本／萩原印刷株式会社

ISBN978-4-86311-266-7　C0026